G. Schaumlöffel

Beiträge zur Lehre vom Ulcus ventriculi corrosivum

G. Schaumlöffel

Beiträge zur Lehre vom Ulcus ventriculi corrosivum

ISBN/EAN: 9783743328167

Hergestellt in Europa, USA, Kanada, Australien, Japan

Cover: Foto ©Paul-Georg Meister /pixelio.de

Manufactured and distributed by brebook publishing software (www.brebook.com)

G. Schaumlöffel

Beiträge zur Lehre vom Ulcus ventriculi corrosivum

Beiträge zur Lehre

vom

Ulcus ventriculi corrosivum.

Inaugural-Dissertation
zur Erlangung der Doctorwürde

in der

Medicin, Chirurgie und Geburtshülfe

einer hohen medicinischen Fakultät zu Göttingen

vorgelegt

von

G. Schaumlöffel,
approb. Arzt.

Kiel.
Druck von Schmidt & Klaunig.
1886.

Meinem sehr werthen Freunde

Herrn Dr. med. Haertel
Stabsarzt a. D.

in dankbarer Verehrung

gewidmet.

Am 1. December 1884 wurde am hiesigen pathologischen Institute eine Section mit folgendem Bauchhöhlenbefunde gemacht:

Die Bauchhöhle ist angefüllt mit einigen Litern einer trüben mit grauen und braunen Flocken gemischten Flüssigkeit von aromatischem Geruch und deutlich saurer Reaction. Der besonders am Pylorustheil stark erweiterte Magen zeigt in seiner Mitte eine deutlich sanduhrförmige Einziehung und an derselben Stelle unterhalb der kleinen Curvatur eine vom linken Leberlappen überlagerte im Ganzen rundliche Oeffnung, in der eine bräunlich gefärbte Masse vorliegt. In der Bauchhöhle kein Gas; am Lig. gastrocol., am stark zusammengezogenen Netz, sowie an der hintern Magenwand ein eitriger Belag und theilweise frische Infiltration. Vom Duodenum aus fühlt man unmittelbar am Pylorus den Rand eines grossen mit der Längsaxe zur Richtung der kleinen Curvatur senkrecht stehenden Ulcus ($9^1/_2$ cm lang, grösste Breite = $3^1/_2$ cm), das grösstentheils der hintern Magenwand anliegt und, sich nach der vordern Wand hin zuspitzend, an seinem Ende vorhin erwähnte Oeffnung zeigt. Die Ränder des Geschwüres sind scharf ausgeschnitten, nach dem Geschwürsgrund treppenförmig absteigend; letzterer ist besetzt von flachen Unebenheiten, die sich als vom Pankreas herrührend erweisen. In der Geschwürsaxe liegend schliesst sich nach der vordern Magenwand eine 4 cm lange strangförmige, nach der hintern eine $2^1/_2$ cm lange strahlige Narbe an das Geschwür an. Die Schleimhaut ist in der Umgebung der ersteren hellroth gefärbt, in der der zweiten besonders den Strahlen entsprechend oberflächlich erweicht. Durch Verwachsung des Pylorustheils der kleinen Curvatur mit dem cardialen ist der Pylorus der Cardia stark genähert. Im Uebrigen kein abnormer Befund, auch keinerlei Organerkrankung nachzuweisen.

Soweit der Sectionsbericht. Es macht uns derselbe mit einem Fall einer Geschwürsform von ganz specifischer Art bekannt, der dem Kenner sofort als Ulcus Ventriculi corrosivum imponiren muss, für den Lernenden aber fast als typischer Repräsentant gerade der characteristischen anatomischen Eigenschaften jener Geschwürsart gelten könnte. Fast typisch ist der Sitz an der hintern Magenwand, in der Nähe des Pförtnertheils, an der kleinen Curvatur, mit der Längsaxe zu derselben senkrecht gestellt. Fast pathognostisch sind die scharf ausgeschnittenen Ränder, die treppenförmige Abstufung derselben nach dem Geschwürsgrunde zu und ebenso characteristisch ist die strahlige und strangförmige Anordnung der Narben und die durch die Narbencontraction bedingte Sanduhrform des Magens. — Bekanntlich ist das Ulcus ventriculi corrosivum (oder rotundum, simplex, perforans) als ein Substanzverlust bezeichnet, bei dessen Entstehen eine partielle Selbstverdauung des Magens Statt haben soll, man hat es seit Jahrhunderten gekannt und ihm in fachwissenschaftlichen Kreisen viel Aufmerksamkeit und Fleiss gewidmet. Wenn auch durch Cruveilhier und bald darauf durch Rokitansky in bis heute noch unübertroffener Weise das Dunkel in der Kenntnis der anatomischen Eigenthümlichkeit desselben bedeutend gelichtet, die Therapie gefördert und besonders die Differentialdiagnose zwischen Carcinoma und Ulcus Ventriculi präcisirt wurde, so harrt doch namentlich in Hinsicht auf Aetiologie, Symptomencomplex und Vorkommen noch manche Frage, manches Urtheil definitiver Entscheidung und sachlicher Bestätigung. Es dürfte also nicht nutzlos erscheinen, das vorhandene Material von Ulcus corrosivum durch Zusammenstellung neuer Fälle zu mehren, sowie durch die an diesen Fällen gemachten Beobachtungen die Kenntnis des Krankheitscharacters zu vervollkommnen und die über ihn verbreiteten Ansichten zu stützen und sicher zu stellen, beziehungsweise zu widerlegen. Durch die Freundlichkeit des Herrn Prof. Ebstein, dem ich dafür auch an dieser Stelle herzlich danke, ist es mir gestattet, das Krankenmaterial des hiesigen Ernst-August-Hospitals zu jenem Zwecke zu benutzen.

Ehe ich an die Aufführung der von mir gemachten Zusammenstellung gehe, scheint es mir angebracht, das durch oben erwähnten Einzelfall fast umfassend repräsentirte Bild der pathologischen Anatomie vom corrosiven Magengeschwür zu vervollkommnen. Was den Sitz des Geschwürs anbetrifft, so findet es sich ausser an erwähnten Stellen bisweilen an der vordern Magenwand, wo es häufiger als an der hinteren zur Perforation führt; ferner und zwar noch seltener an der grossen Curvatur und im Saccus coecus. (Abgesehen vom Magen kommt es bisweilen im Duodenum und Oesophagus vor.) Die Peripherie ist meist kreisrund (ulcus rotundum) oder elliptisch, mitunter auch gürtelförmig durch Confluenz mehrerer Geschwüre und unregelmässig. Die Gestalt des Substanzverlustes ist trichterförmig, so dass der Substanzverlust der Mucosa grösser ist als der der Submucosa u. s. w. Der Geschwürsgrund ist meist rein und glatt, nicht infiltrirt und kann, je nach der Tiefe des Geschwüres, von den verschiedensten Schichten der Magenwand gebildet werden; durch circumscripte Peritonitis kann, wie in unserm Fall, der Magen mit einem Nachbarorgan (Pankreas, Leber, Milz, Zwerchfell auch Colon transversum) verklebt werden und es bildet nach erfolgter Perforation an dieser Stelle das betreffende Organ den Geschwürsgrund (auf längere oder kürzere Zeit, je nach der Widerstandsfähigkeit des Organs gegen den Magensaft). Die Grösse schwankt zwischen der eines Groschens und Handtellers. Bei älteren Geschwüren sind die Ränder nicht stufenförmig, sondern senkrecht abfallend und meist nach innen, nach dem Geschwürsgrund hin umgeschlagen; letzteres ist für die Differentialdiagnose zwischen Carcinom und Ulcus von Wichtigkeit, da bei jenem das Umgekehrte Statt hat. Das Magengeschwür ist meist solitär, bisweilen finden sich auch zwei oder mehr Geschwüre.

Ich lasse nun die während 8 Jahren (1877—1884) an der hiesigen Klinik zur Beobachtung gekommenen Fälle von Ulcus corrosivum folgen, um nach Aufführung derselben und auf Grund der an ihnen gemachten Erfahrungen der Aetiologie, dem Symptomencomplex, dem Vorkommen, den Complicationen, Verlauf und Therapie einige Worte zu widmen.

No. 1.

C. B., 43 Jahr, Arbeiter. Aufg. 10. IV. 1877. Entl. 21. IV. 1877. Diag. Ulcus ventriculi corrosivum. — Haematemesis. Pat. längere Zeit wegen Magenbeschwerden und periodisch auftretenden Bluterbrechens ambulant behandelt. Das Leiden in letzter Zeit schlimmer geworden. Er bekommt nach seiner Aufnahme hier plötzlich, ohne nachweisbare Veranlassung, Blutbrechen, das sich nach kurzer Zeit wiederholt. Entleerte etwa 2 Pfd. Blut. Gesicht sehr blass, Puls klein, nicht aussetzend Ord.: Sofort zu Bett, Eisblase auf den Magen, Schlucken von Eisstückchen. Ergotininjection (0,1), absolute Milchdiät, absolute Ruhe. 11. IV. Noch sehr blass, sehr matt. Blutung nicht wiedergekehrt; bekommt noch 2 mal Ergotin. 12. IV. Stat. idem, kein Ergotin. 13. IV. Stat. id. seit 4 Tagen kein Stuhl, Clysma. 14. IV. Stuhl, der ganz schwarz, theerartig. 18. IV. Wohlbefinden, keinerlei Schmerzen im Leibe; bekommt nun consistentere Speisen. 21. IV.

Stuhl ganz normal, Appetit gut, Bauch nirgends spontan noch auf Druck empfindlich. Geheilt entlassen.

No. 2.

F. L., 43 Jahr; Tuchmacher. Aufg. 23., V., 1877. Entl. 29. V 1877. Diag. Ulcus ventriculi corros. — Haematemesis.

Bekam vor 2 Jahren plötzlich Bluterbrechen (1 Waschschale voll), hatte 14 Tage lang nachher schwarzen Stuhl. Lag 3 Monate danach zu Bett; Schwindel, Appetitlosigkeit, nie Magenschmerzen. Allmähliche Besserung. 23. V. 1877. Plötzlich Husten, Uebelkeit, Erbrechen eines halben Ltr. geronnenen Blutes, grosse Schwäche; Epigastrium, druckempfindlich. Ord.: Eisblase auf den Magen, Ruhe. Diät: Milch, kalte Bouillon. 29. V. Gebessert entlassen.

No. 3.

C. E. 26 Jahr; Zimmermann. Aufg. 14. VI. 77. Entl. 29. VI. 77. Diag. Ulcus ventriculi rotundum.

Gesund bis zum 20. Lebensjahre; will damals nach schwerem Heben „Blut gespuckt" haben. Darauf häufiges Erbrechen, besonders nach dem Genuss von Speisen; saures und übelschmeckendes Aufstossen. Lag mehrere Wochen zu Bett; Stuhlgang nur alle 3 Tage. Ein Jahr später ward er Soldat, lag 26 Wochen im Lazareth angeblich wegen Magencatarrhs, hatte häufiges, auch jetzt noch unblutiges Erbrechen, aber Schmerzen besonders auf Druck im Epigastrium. Im Februar 1877 erbrach er plötzlich ein l dunklen Blutes, drei Tage nachher noch $^1/_3$ l, hatte schwarzen Stuhl und heftige Magenschmerzen, die nach dem Rücken hin ausstrahlten. Der Schmerz soll permanent geblieben und nur nach dem ab und zu blutigem Erbrechen geringer gewesen sein; auch beim Liegen auf der linken Seite Verringerung des Schmerzes. Ausser Druckempfindlichkeit im Epigastrium nichts nachzuweisen. 16. VI. Nachts Erbrechen, ohne Blut. Ord.: Milch, Bouillon, Weissbrod; des Morgens $^1/_2 - ^3/_4$ Theelöffel Karlsbader-Salz auf eine Tasse lauwarmen Wassers. 17. VI. Morphiuminjection (0,01) 21. VI. Pil. Blaudii; bis zum 29. Juni vollständig gebessert, keinerlei Druckempfindlichkeit im Abdomen, kein spontaner Schmerz, keine Uebelkeit; entlassen.

No. 4.

J. T. 31 Jahr; Arbeiter. Aufg. 23. VI. 1877. Entl. 1. VII. 1877. Diag. Ulcus ventriculi corrosivum.

Sonst stets gesund; hat seit $^3/_4$ Jahr Schmerzen in der Magengegend, Uebelkeit, Aufstossen mit bitterem und ranzigem Geschmack, zuweilen Erbrechen, morgens nüchtern und tagsüber nach schweren Speisen. Mitunter auch im Rücken brennende Schmerzen; Stuhl immer dünn, mehrmals täglich. Seit Anfang des Jahres einige Male Blut erbrochen und hinterher schwarzer Stuhl; die Menge des Blutes betrug stets $^1/_4$ l; Pat. ist abgemagert, hat schlechten Appetit. Die Schleimhäute sind blass; er hat geringen spontanen Schmerz im Epigastrium, sehr viel hingegen bei Druck und zwar auf einer ganz circumscripten etwa Handteller grossen Stelle unter dem Proc. ensiformis. Im Uebrigen nichts Abnormes. Ord.: Milch, Bouillon, Ei, Weissbrod; Acid. muriat. (1,0 : 180); wird am 1. Juli gebesserst entlassen.

No. 5.

E. M. Musikus. 29 Jahr. Aufg. 3. VI. 1877. Entl. 21. VII. 1877. Diag. Ulc. ventric. corros. — Dilatat. ventriculi. — Stenosis ostii pylorici.

Pat. früher stets gesund; seit 2 Jahren häufiger Magenschmerz und Erbrechen; vor $1^3/_4$ Jahren plötzliches Blutbrechen ($^1/_4$—$^1/_2$ l. dunkeln und zum Theil geronnenen Blutes). Einige Wochen später abermaliges Blutbrechen (geringere Menge). Seit dieser Zeit hatte er spontane Magenschmerzen, noch mehr auf Druck; auch wöchentlich nunmehr mehrmaliges Erbrechen (ohne Blut) meist 4 Stunden nach der Mahlzeit, nach dem Genuss schwerer Speisen aber sofort. Häufig saures Aufstossen, Appetit mässig, Stuhl angehalten. In letzter Zeit tägliches Erbrechen, Magenschmerzen auch bei ruhigem Liegen. Bei seiner Aufnahme ist er sehr schlecht ernährt, blasse Schleimhäute. Schmerz- und Druckempfindlichkeit in der Magengegend. Nach Speisegenuss gesteigerte Schmerzen, er behält hier die Speisen. Der Magen ist beträchtlich erweitert, der Stuhl angehalten. Ord.: 3. VI. Extr. gentian. (0,5 : 150 aq. dest. 2stündl. 1 Essl.) Milch, Bouillon, Ei, Weissbrod. Am 7. und 8. VI. Abends reichliches Erbrechen stark saurer Massen, die Schleim, Speisen und viel Sarcina enthalten; danach Erleichterung. 9. und 10. VI. Magenausspülungen mit Salzwasser, die ihm gut bekommen; Schlaf gut, kein Schmerz, Stuhl auf Clysma. Bis zum 24. VI. trägliche Magenausspülungen mit sehr gutem Erfolg; das Spülwasser enthält meist Speisereste, häufig unverdautes Weissbrod. Der Harn bald sauer, bald alkalisch. Noch zweimal der Stuhl angehalten, dann regelmässig; Appetit gut; vom 18. VII. an geniesst Pat. auch Fleisch. Wohlbefinden bis zur Entlassung 21. VII.

No. 6.
M. Sch. 22 Jahr; unverheirathet. Aufg. 25. X. 77. Entl. 29. XII. 1877. Diag. Ulcus ventriculi corrosivum in regione pylorica (wahrscheinlich der Perforation nahe) — Pleuritis exsudation dextra. — Palpitatio cordis nervosa. Patientin hat früher einige Male die Bleichsucht gehabt; seit 2 Jahren Schmerzen in der Magengegend, kein Erbrechen, keine Uebelkeit, Appetitlosigkeit; nach dem Essen Druck im Epigastrium und saures Aufstossen. Stuhl hart, alle 3—4 Tage, soll bisweilen blutig gewesen sein. Periode unregelmässig, alle 3—5 Wochen. Patientin ist vom 15. VIII. bis 19. X. poliklinisch behandelt; Pil. Blaudii, später Sal Carolinense; auch da Blut im Stuhl beobachtet. 26. X. will gestern plötzlich viel Blut erbrochen haben; sehr starke Anämie. Herztöne rein, kein Venensausen. Epigastrium sehr druckempfindlich, Stuhl regelmässig ohne Blut. Ord. Aq. laurocer (5.0 : 150 2stündl. 1 Essl.) Milchdiät. 27. X. Schlecht geschlafen, viel Magenschmerzen; kein Stuhl. 28. X. Stat. idem; Clysma. 29. X. gelbbrauner harter Stuhl, Appetit gering, Schlaf schlecht. 30. X. etwas Schlaf und auch Stuhlgang; Epigastrium aber schmerzhaft; Herzklopfen! Herztöne rein, Puls 100, aufgeregt. Tonsillen geschwollen, belegt. Acid. salicyl. (1 : 300) zum Mundausspritzen. Bis zum 3. XI. wenig oder gar kein Schlaf; Herzaction besser, Tonsillen wieder frei, einmal Stuhl; hat Bis. subnitr. (0,5) und Mag. carb. (0,2) bekommen (3 mal täglich.) 4. XI. nach Morph. muriat. 0,001, Atrop. sulf. 0,01 auf 10 Aq. dest. sub. cutan injicirt, weniger Schmerzen, besser geschlafen; Appetit gering. Ueber der rechten Mamma Schmerzen, daselbst pleuritisches Reiben und weiches Athmen. Am 10. XI. Erbrechen, kein Blut; Eisblase auf den Magen, mässige Magenschmerzen; 16. XI. die pleuritischen Symptome nach Jodtinctureinreibungen und Clysmen gänzlich geschwunden; ausgiebigste Respiration schmerzlos. Ab und zu Herzklopfen. 20. XI. Besserung. 10. XII. schläft gut; sehr selten etwas Herzklopfen; Epigastrium nicht mehr druckempfindlich, Appetit und Stuhl gut. 13. XII. fühlt sich sehr wohl, gar kein Herzklopfen mehr, bekommt gebratenes Fleisch, das sie gut verträgt, wird am 29. XII. geheilt entlassen.

Patientin ward 5 Jahr später, nachdem sie sich die ganze zwischenliegende Zeit wohlbefunden hatte, durch 6 Monate hindurch in der hiesigen Anstalt an Peritonitis chronica ex ulcere corrosico ventriculi behandelt. Sie hatte 2 Monate zuvor 6 Wochen lang am Unterleibstyphus zu Bett gelegen und seitdem stellten sich die alten Beschwerden wieder ein: Schmerzen in der Magengegend, besonders nach dem Essen Erbrechen, auch kleinerer Quantitäten geronnenen Blutes. Das frühere ulcus dürfte geheilt gewesen sein und sich jetzt ein neues entwickelt haben, das, der serosa sehr nahe gekommen, die Peritonitis erzeugt hat. Bei ihrer zweiten Aufnahme zeigte sie starke Blässe der sichtbaren Schleimhäute, Lympfdrüsenschwellungen (Hals, Ellenbogen, Inguinalfalten), einen erheblichen Milztumor, normale Herzgrenzen, Pulsation im Epigastrium und starke Druckempfindlichkeit ebendaselbst. Auch beim Athmen spontane Schmerzen (Stechen und Brennen) in der regio epigastrica. Patientin wird bei ruhiger Lage mit fast ausschliesslicher Milchdiät und grossen Dosen Opium behandelt und verlässt am 17. VI. 1882 geheilt die Anstalt. Bemerkt sei noch, dass volle 63 Tage nach ihrer Aufnahme die erste Defäcation spontan erfolgte; von da ab Stuhl alle 3—5 Tage.

No. 7.

H. H. 53 Jahr; Arbeiter. Aufg. 10. XII. 1877. Entl. 19. XII. 187-. Diag. Ulc. ventriculi simplex; Insufficienz des Pylorus. Pat. hat seit 30 Jahren Magenbeschwerden; anfangs Wasserkolk, Appetitlosigkeit. In seinem 40. Lebensjahre will er zuweilen schwarze kaffeesatzähnliche Massen erbrochen und schwarzen Stuhl gehabt haben. Im August dieses Jahres hatte er starkes Blutbrechen, seitdem Magenschmerzen, häufiges Aufstossen und Erbrechen. Stuhl hatte er nur nach Abführmittel. Er ist gross, von knochigem Bau, hat straffe Muskulatur, keinen Panikulus. Bauch aufgetrieben, druckempfindlich; Leistendrüsen geschwollen. Hat auch ausserhalb des Brechactes krampfhafte Schmerzen im Unterleib und in der Brust, permanente Schmerzen im Kreuz und zu beiden Seiten der Lendenwirbel. Beim Versuch, den Magen mit Kohlensäure aufzublähen, ergiebt sich eine gleichmässige Auftreibung des ganzen Abdomen, d. h. eine Nichtschlussfähigkeit des Pförtners. Harn anfangs neutral, dann sauer. Nach 8tägiger Behandlung (vorzugsweise Milchdiät) fühlt er sich besser; 3 Pfd. Gewichtszunahme; wird auf Wunsch entlassen.

No. 8.

Th. D., 22 Jahr; unverheirathet. Aufg. 1. I. 1878 Entl. 16. II. 1878. Diag. Ulcus ventriculi corrosivum.

Patientin ist kräftig gebaut, war früher stets gesund. Mit dem 17. Jahre zuerst menstruirt, alle 3 Wochen, sehr schwach und ohne

Schmerzen. Seit 4 Jahren Magenbeschwerden; anfangs nur Völle und Druck im Epigastrium nach der Mahlzeit und verringerter Appetit; in grösseren Intervallen auch Erbrechen der genossenen Speisen. Seit einem Vierteljahr Steigerung der Beschwerden; regelmässige Cardialgien nach jeder Mahlzeit, Appetitlosigkeit, Erbrechen auch morgens nüchtern (saurer Schleim), starke Obstipatio alvi. Vor 6 Wochen erbrach sie plötzlich $1/4$ Ltr. dicken klumpigen Blutes. Die Zunge ist belegt; auf Druck und beim Liegen auf der linken Seite verspürt sie starke Schmerzen in der Cardiagegend; der Pylorus erscheint frei von Schmerz. Harn sauer, kein Eiweiss. Ord.: Karlsbadersalz, $1^1/_2$ Liter Milch pro die, abgekühlte Bouillon, Weissbrod. 7. I. Pat. klagt über Uebelkeit und Schmerzen in der Cardiagegend, die sie nicht haben schlafen lassen; Zunge dick belegt, Appetitlosigkeit. 8. I. Hat gut geschlafen: Wohlbefinden, kann auf der linken Seite liegen. 10. I. Wieder Stiche in der „linken Seite", konnte nicht schlafen; Würgbewegungen ohne Erbrechen; nach 0,005 Morph. subcutan injicirt befindet sie sich wohl. 12. I. Bis. subnitr. (0,5 g 4mal tägl.). 13. I. Sie ist sehr apathisch; will gut geschlafen haben; — Nachmittags starke Magenschmerzen. 17. I. Ausser geringer Uebelkeit ab und zu, fühlt sie sich wohl; Harn alkalisch, schon makroskopisch viel Krystalle sichtbar (Trippelphosphate), Bodensatz von harnsaurem Natron. 18. I. Pat. fühlt sich wohl, Harn noch so wie gestern; Magen auf Druck wenig empfindlich; bei linker Seitenlage noch Schmerzen, Zunge noch dick belegt, Stuhl auf Clysma. 20. I. Keinerlei Schmerzen, Harn sauer, eiweissfrei. 23. I. Befindet sich sehr wohl; hat weder spontan noch auf Druck in der Magengegend Schmerzen; auch Lageveränderungen sind vollständig schmerzlos; hat starken Hunger, Zunge nicht mehr belegt. Bekommt etwas gebratenes Fleisch, nebst Kartoffelbrei, Milch, Bouillon, Zwieback. — Dauerndes Wohlbefinden, wird geheilt entlassen.

No. 9.

M. 38 Jahr; Wittwe; Aufg. 8. V. 1878. Entl. 8. VI. 1878. Diag. Ulcus ventr. corrosivum.

Die Eltern der Patientin sind betagt; einige Verwandte starben an Phthisis. Pat. ist mit dem 13. Lebensjahre menstruirt und zwar immer sehr reichlich, unter Schmerzen in der rechten untern Bauchgegend (nach dem Rücken hin ausstrahlend) und heftigem Kopfweh. Mit dem 18. Lebensjahr verheirathet, hat 4 Kinder geboren; seit dem 14. Jahre hatte sie häufig Kopfschmerz und Erbrechen von bittern, grünen Massen (besonders nach schwerer Arbeit). Vor 4 Jahren erbrach sie ein Wasserglas voll hellrothen Blutes; seitdem Appetitlosiglosigkeit und Völle und Druck im Magen. Letzten Herbst abermalige Haematemesis; wurde alsdann 4 Monate wegen Prolapsus Uteri in der hiesigen Entbindungsanstalt behandelt und hatte 14 Tage nach ihrer Entlassung von Neuem Blutbrechen (1 Wasserglas voll). Stuhl seit Jahren träge; stets kalte Füsse u. Hände. Beim Treppensteigen Herzklopfen u. Beängstigung, gegenwärtig Schmerzen in der Herzgegend. — Ueber den weiteren Verlauf wird nichts berichtet, ist d. 8. VI. entlassen.

No. 10.

A. F. 23 Jahr; Dienstmagd. Aufg. 16. XII. 1878. Entl. 25. XII. 1878. Diag. Haematemesis. — Ulcus ventriculi.

Vater der Pat. an einem Blutsturz gestorben, Mutter lebt noch und ist gesund. Pat. stets gesund; menses alle 6 Wochen, setzten allmählig immer länger aus; jetzt seit 8 Wochen keine Periode gehabt. Am 15. XII. Abends nach dem Essen wird sie plötzlich übel und erbricht nahezu $^1/_2$ Ltr. dunkeln Blutes, nachdem sie schon einige Zeit vorher im Epigastrium nach links hin Schmerzen verspürt hatte. Letztere verschwanden nach dem Erbrechen alsbald; auch jetzt keine Druckempfindlichkeit. Ord: vorzugsweise Milchdiät. 17. XII. Bis. subnitr. Sach. alb. aa 0,5 Morph. mur. 0,005 d. tal. dos No. X, 3 mal tägl. 1 Pulver. 19. XII. Wohlbefinden; Stuhl von gestern schwarz gefärbt. — 25. XII. entlassen.

No. 11.

C. W. 24 Jahr; Arbeiter. Aufg. 13. XII. 1878. Entl. 25. XII. 1878. Diag. Haematemesis. Ulcus ventriculi simplex.

Hat vor 6 Jahren Lungenentzündung gehabt; gestern Abend einen Ohnmachtanfall; hat schlecht geschlafen. Heut Morgen, 1 Stunde nach dem Aufstehen, befällt ihn plötzlich Uebelkeit, Würgen, Erbrechen; er will eine Waschschale voll schwarzen schaumigen Blutes erbrochen haben. Ueber den Fundus des Magens Dämpfung und Schmerz. Ord: Bismuth. subnitr. (0,2 pr. dosi); flüssige Diät (Milch.) 17. XII. fester Stuhl, dazu eine dunkle blutige Flüssigkeit. 25. XII. Nirgends mehr Schmerz; kein Erbrechen gehabt, kein Blut mehr im Stuhl, Appetit gut. Auf Wunsch entlassen.

No. 12.

C. B. 35 Jahr; Ackermann. Aufg. 3. I. 1879. Entl. 8. I. 1879. Diag. Catarrhus ventriculi cum ulcere corrosivo.

Pat. bekam vor 6 Jahren zeitweise Druck in der Magengegend und alle 2—3 Tage Erbrechen; dann grössere Pausen mit Wohlbefinden. Ostern 1878 merkliche Verschlimmerung, erhebliche Magenschmerzen, häufiges Erbrechen, (tägl. mitunter 2—3 mal). Nach dem Erbrechen stets relatives Wohlbefinden. Vor 3 Wochen erbrach er einmal Abends dunkelbraune klumpige Massen in grosser Menge, dies wiederholte sich noch verschiedene Male. Die Schmerzen beginnen langsam und steigern sich allmählig bis Erbrechen erfolgt; nur „wenn Pat. den Bauch stark reibt und drückt, tritt Linderung ein". Appetit schlecht; Stuhl immer angehalten (3 tägige Pausen). Pat. blass, mager, hat spontan und auf Druck Schmerz im Epigastrium, das vorgetrieben ist. In dem Erbrochenen, das stark sauer reagirt, reichlich Sarcine; der Magen erscheint dilatirt. Nirgends ein Tumor, keine Drüsenschwellung. Harn reichlich, stark alkalisch, trübe. Ord: Karlsbadersalz, Milchdiät. Bismuth. subnitr. (0,2 pr. dos.) Morph. murriat. (0,005 pr. dos.) 3 mal täglich. Wird auf Wunsch entlassen; nach mehrmahliger Application eines Clysma nach Hegar Stuhl gebessert; seit 5. I. kein Erbrechen mehr, Schmerzen bedeutend nachgelassen; Harn sauer. Seit dem 6. I. bekam er Leguminose.

No. 13.

A. R. 28. Jahr; Weichensteller. Aufg. 12. VII. Entl. 28. VII. 1879. Diag. Ulcus ventriculi corros. — Anaemia.

Pat. will im 14. Lebensjahr Herzklopfen und vor 1 Jahr die Lungenentzündung gehabt haben; vom Militair wegen Körperschwäche frei. Im März dieses Jahres hatte er häufig Magenschmerzen und plötzlich copiöses Blutbrechen (geronnen, klumpig); der Stuhl war 8 Tage lang nachher schwarz und hart. Seitdem häufiges Erbrechen und Magenschmerzen; im Mai war er ganz wohl, erbricht aber seit 4 Wochen wieder häufig (einmal auch Blut), der Stuhl ist träge und nicht selten ganz schwarz, Appetit schlecht; er will sehr abgemagert sein; die sichtbaren Schleimhäute, Gesicht und Hände äusserst blass; starke Anämie. Ord: Bismuth. subnitr. eine Büchse Rosenthalsche Fleischsolution; Milch, Weissbrod. 15. VII. hat seit 1 Tag kein Stuhl gehabt. mässige Kopfschmerzen; kein Erbrechen, sonst Wohlbefinden, 16. VII. Extr. Gentianae (0,5 : 150, 2 stdl. 1 Esslffl.) 21. VII. Zuweilen etwas Sodbrennen, sonst alles gut. 27. VII, Tinct. ferri pom. (3 mal tägl 30 Tropfen.) Milch, Eier. 28. VII. Vollständiges Wohlbefinden, hat nie wieder gebrochen; geheilt entlassen. Gewichtszunahme 6 Pfd.

No. 14.

F. H. 37 Jahr; Steinbrecher. Aufg. 23. VII. 79. Entlassen 26. VII. 1879. Diag. Ulc. ventriculi corrosivum. Bekam vor ⁵/₄ Jahren häufig Uebelkeit und Erbrechen fast nach allen Speisen; dem Erbrechen ging ein krampfartiger Magenschmerz voraus, der, sobald der Brechact vorüber, nachliess. Eine Zeit lang Besserung, da Pat. mehr flüssige Diät beobachtete. Im Februar d. J. fiel Pat. auf die linke Seite, ohne sich äusserlich zu verletzen; es erfolgte gleich nach diesem Falle reichliche Hämatemesis (klumpigen Blutes), der Stuhl war über 8 Tage schwarz gefärbt. Nach dieser Zeit kehrten die früheren Beschwerden wieder ein. Ord.: Rosenthalsche Fleischsolution; Milch. Extr. Gent. (0,5 : 150). 25. VII. Wohlbefinden; Appetit. Verträgt flüssige Nahrung und Braten sehr gut. — Auf Wunsch entlassen.

No. 15.

F. C. 32 Jahr; verheirathet. Aufg. 9. VII. Entl. 2. VIII. 1879. Diag. Gastritis chronica; Ulcus ventriculi rotundum. Dilatatio ventriculi. Anaemia. Pat. als Kind stets gesund, hat als Mädchen viel Chlorose, häufiges Erbrechen, einmal Blutbrechen gehabt. Hat 6mal geboren, normale Wochenbetten. Ostern dieses Jahres bekam sie von Neuem Anfälle von Leibschmerzen, Pfingsten wiederum Hämatemesis; seitdem der Leibschmerz häufiger und auch das Erbrechen. Stuhl stets angehalten, Appetit gering, sie ist sehr abgemagert; die Haut und sichtbaren Schleimhäute sind intensiv blass; Leib aufgetrieben und besonders in der Magengegend auf Druck sehr empfindlich. Die Milz vergrössert, sonst nichts Abnormes. Klagt namentlich über Ruptus und spontane Schmerzen im obern Bauchtheile. Ord.: Flüssige Diät; Priessnitzsche Umschläge auf die Magengegend; Magnesia usta; Blaud'sche Pillen. 12. VII. Allgemeinbefinden etwas besser. Schmerzen nur zuweilen; unabhängig von der Nahrungsaufnahme. Ruptus reichlich; kein Erbrechen. Stuhl nur nach Einlauf; Succussionsgeräusch im Oberbauchtheil. Epigastrium sehr druckempfindlich, auch zeitweise heftige spontane Schmerzen. Appetit mässig; Bismuth. subnitr. (0,2 pro dosi). 21. VII. Schmerzen seit dem Gebrauch von Bismuth. subnit. verschwunden; Haut und Schleimhäute nicht mehr so blass. Allgemeinbefinden gut. 28. VII. Die Anämie erheblich gebessert; Schmerzen auf Druck ganz minimal. Nach Aufblähung des Magens mit Kohlensäure am

24. VII., wobei sich eine beträchtliche Dilatatio ventriculi (und Schlussfähigkeit des Pylorus) ergab, waren ziemlich beträchtliche spontane Magenschmerzen vorhanden. Erbrechen nicht wieder aufgetreten, Stuhl spontan, Appetit gut. Wird am 2. VIII. bei bestem Wohlbefinden entlassen.

No. 16.

D. K. 24 Jahr; unverheirathet. Aufg. 28. X. Entl. 11. XI. 1879. Diag. Ulcus ventriculi corrosivum.

Sehr anämisches, doch gut genährtes Mädchen; keinerlei Organerkrankungen nachzuweisen. Sie klagt seit längerer Zeit dyspeptische Beschwerden (Druck und Völle im Magen, Appetitlosigkeit); will vorgestern plötzlich $1^1/_2$ Schoppen braunrothen, klumpigen, sauerschmeckenden Blutes erbrochen haben. Im Epigastrium sehr geringe Druckempfindlichkeit. Ord.: flüssige Nahrung; 3 mal tägl. 0,3 Magistr. Bismuth. Besserung ohne jegliche Complication, am 11. XI. entlassen.

No. 17.

R. F. 47 Jahr; unverheirathet. Aufg. 29. IX. Gestorben 8. XII. 1879. Diag. Ulcus ventriculi corrosivum. Phthisis pulmonis in apice sinist. — Haematemesis.

War vor mehreren Jahren in der Irrenanstalt; ist poliklinisch wegen Hysterie behandelt. Seit einigen Wochen häufig Uebelkeit, Völle und Druck im Epigastrium, Aufstossen und Erbrechen. Anfangs September will Patientin mehrmals Blut erbrochen haben (1 Bierglas voll; dunkel, flüssig, sauer). Seitdem Appetitlosigkeit, Abmagerung, heftige Magenschmerzen; Stuhl stets retardirt. Links hinten unter der Scapula geringe Dämpfung und Rasseln. Links im Epigastrium anscheinend eine Härte. Ord.: Flüssige Diät; Mag. Bismuth. 0,5, Extr. Opii 0,02, Sach. 0,5 tal. Dos. X. 2 stündl. 1 Pulver; — Oleum Ricini. 1. X. Bronchitische Erscheinungen, sonst besser; — Pilul. Blaudii No. 100 (3 mal tägl. 3 Pillen) 20. X. Heftige Kreuzschmerzen, kein Husten, Appetit gut, Stuhl reichlich. Bronchialathmen; 11. XI. Wird täglich magerer; Stuhl angehalten, zuweilen schwarz. Leber palpirbar, höckerig. Urin gering, viel Sedimente, wenig Eiweiss. 5. XII. steter Kreuzschmerz, geringes Fieber, viel weisse Blutkörperchen im Blute; bekommt am 8. XII. profuses Blutbrechen. Stuhl ganz schwarz. — Ord.: Plumb. acet. 0,03, Op. pur.

0,02, Sacch. 0,4; X Dos ; 3 stündl. 1 Pulver. Patientin collapirt rasch und der exitus laetalis tritt ein.

Sectionsfund:
Der Magen durch Gas ausgedehnt, am Pylorus mit der Leber verwachsen. Im Magen flüssiges Blut und ein faustgrosses Blutgerinsel. Linker Leberlappen, kleine Curvatur und Zwerchfall fest verwachsen; der Magen an dieser Stelle sehr schmal; auch das Pankreas ist mit verwachsen. Im Magen ein circuläres Geschwür (3—5 cm breit), das nur die grosse Curvatur auf eine Strecke von $1^1/_2$ cm freilässt. Der Boden des Geschwüres wird nach hinten und unten vom Pankreas (fibröses Aussehen), nach oben zum Theil von der Leber gebildet (das Leberparenchym theilweise zerstört, Höhlenbildung). Im Grund des Geschwüres 3 Gefässstümpfe. (art. lienalis nebst vene, art. coronar. superior sinistra.)

Anat. Diag. Haemorrhagia ventriculi ex ulcere corrosivo; — linksseitige Lungenschrumpfung.

No. 18.

N. E. 58 Jahr; Taglöhner. Aufg. 1. X. Gestorben 16. XI. 1879. Diag. Ulcus rotundum ventriculi. — Perigastritis. — Arthritis et Nephritis urica.

Hatte in den zwanziger Lebensjahren anfallsweise Schmerzen im Epigastrium, vor 10 Jahren zum ersten Mal reichliches Erbrechen (3 Schoppen) schwarzer Massen nach voraufgegangenen heftigen Magenschmerzen. Der Stuhl war damals schwarz; darauf hatte Pat. nur ab und zu Magenschmerz, viel Erbrechen. Vor 3 Jahren stellte sich das Erbrechen wieder ein und zwar wöchentlich mehrmals (doch kein Blutbrechen); die Schmerzen waren nach dem Erbrechen jedesmal geschwunden. Er ist in den 10 Jahren sehr abgemagert (von 150 auf 100 Pfd.). Sieht sehr anämisch aus, hat Schmerzen im Epigastrium. Am 2. X. erbricht er 2 Liter einer bräunlichen Flüssigkeit, die reichlich Sarcina enthält. Epigastrium druckempfindlich, Milz vergrössert; Stuhl angehalten, Urin normal. Ord.: Tinct. Chinae comp. (3 mal 20 Tr. tägl.), Rosenthalsche Fleischsolution, Milch, Weissbrod. 3.—5. X. Bismuth. subn. (0,5). Extr. Belladon. (0,02), kein Erbrechen wieder, saures Aufstossen. 5. X. zum ersten Mal Stuhl in der Anstalt. 6. X. und 7. X. Erbrechen, zuletzt sehr heftig (kein Blut). Rp. Acid. carbol. 1,5 : 30 aq. dest. 3 mal tägl. 15 Tropfen. 13. X. Nach dem Carbol keine Erbrechen wieder; zeitweise heftige Schmerzen. 15. X. Ziehende Schmerzen im Abdomen, Temperatur erhöht, Stuhl geregelt, Appetit mässig. Morph. 0,005 subcutan. 21. X. Hat mehrfach bräunliche Massen erbrochen, Schmerz und Völle im Leib, geringe Flüssigkeit im Abdomen. Rp. Morph. mur. 0,15, Aq. amygdal. amar. 15,0 S. 3 mal tägl. 15 Tropfen. (26. X. 4 und 13. XI. dieselbe Verordnung.) 27. X. Seit gestern wieder Erbrechen; Leib aufgetrieben und schmerzhaft. Kein Ascites, Darm reichlich gefüllt. Abdomen druckempfindlich. — Eisblase, Clysma nach Hegar. 4. XI. Rechte obere Lunge zeigt Dämpfung, abgeschwächtes Athmen, ab und zu Rasselgeräusche. — Pylorusinsufficienz. 5. XI. Erbrechen, Stuhl angehalten; links hinten unten intensiver Lungencatarrh. 7. XI. Leichtes Oedem beider Füsse, am 8. XI. auch der Hände; geringe Schmerzen, kein Erbrechen. 16. XI. Exitus laetalis.

Anatomische Diag. Grosses Ulcus rotundum ventriculi in die durch chronische Perigastritis und Perihepatitis fest angelöthete Leber hineingedrungen (etwa Hühnerei grosse von ziemlich derben Gewebe ausgekleidete Höhle). Chronische Induration der einen Lungenspitze, chronisch gichtische Nephritis mit Athrophie. Arthritis urica beider Phalango-metatarsal Gelenke; rechts mit beginnender Verwachsung der Gelenkflächen.

No. 19.

F. K. 39 Jahr; Knecht. Aufg. 9. Nov. 1879. Entl. 1. III. 1880. Diag. Ulcus ventriculi corrosivum. Chron. Magenkatarrh. Patient leidet seit einem Jahr an Erbrechen, das sich anfangs nur nach sauren Speisen einstellte. Seit 6 Wochen täglich mehrmals Erbrechen unter starkem Würgen und Schmerzen; am 5. Nov. erbrach er etwa ¼ Liter Blut. Will seit einem Jahr stark abgemagert sein; im Epigastrium spontane Schmerzen und Druckempfindlichkeit. Ord.: Flüssige Nahrung. Bismuth. subnitr. 0,5 Extr. Belladon. 0,03 M. f. p. d. dos. No. X. S. 3 mal tägl. 1 Pulv. 13. XII. Acid. muriat. (1,0 : 150). 14. XII. Appetit gut, keine Schmerzen, zeitweise saures Aufstossen. Dann permanentes Wohlbefinden und Entlassung am 31. XII. Kehrt aber 22. I. 1880 mit den alten Beschwerden zurück; hat im Hospital kein Erbrechen, fühlt sich wohl bei flüssiger (hauptsächlich Milch-)Diät und Bismuth. subnitr. 27. II. Extr. Gentian. (0,5 : 150); fortwährendes Wohlbefinden; wird am 1. III. mit einer Gewichtszunahme von 17 Pfd. entlassen.

No. 20.

E. G. 19 Jahr; Aufg. 23. VII. 1880. Entlassen 7. VIII. 1880. Diag. Chlorosis; Haematemesis; Ulc. ventric. rot.

Patientin äusserst anämisch, will vor 8 Tagen 1 Wasserglas voll Blut erbrochen haben; Schmerzen im Epigastrium. Profuse Menstruation, Verdacht auf Abortus. Wird nach vorzugsweise flüssiger Diät (und Fe. Präparaten) gesund entlassen.

No. 21.

C. F. 35 Jahr; Handelsmann. Aufg. 4. VIII. 1880. Entlassen 3. IX. 1880. Diag. Gastritis chronica. Ulcus ventric. corrosivum. Pat. klagt über Leibschmerzen und Erbrechen. Am 6. V. hatte er Blutbrechen und einige Tage nachher schwarzen Stuhl; das Blutbrechen wiederholte sich seitdem öfter. Er hat Sodbrennen und auch Schmerzen im Rücken, ist mässig genährt, hat blasse Schleimhäute. Ord. Extr. carnis recens parat. 100 (1 stündl. 1 Essl.) Milch, Bouillon, Weissbrod. — Bismuth. subnitr. (0,5) 10. VIII. Allgemeinbefinden gut, geringe Druckempfindlichkeit im Epigastrium. Wird am 3. IX. auf Wunsch entlassen, die Druckempfindlichkeit besteht noch.

No. 22.

F. N. 31 Jahr; Taglöhner. Aufg. 5. VIII. Entl. 6. IX. 1880. Diag. Ulcus ventriculi. — Anaemie.

Pat. will schon als Kind ab und zu Magenschmerz gehabt haben, war aber vom 14. bis Anfang des 19. Lebensjahres ganz gesund. Damals bekam er Appetitlosigkeit und dann auch Schmerzen im Epigastrium; er nährte sich vorzugsweise von saurer Milch und Brodrinde, kam so rasch herunter, so dass er nur noch mit 2 Stöcken gehen konnte. Lag dann 6 Wochen zu Bett wegen Magenschmerzen und geschwollenen Füssen. Ein Jahr nachher ist er vollständig genesen, kann alles geniessen, wird Soldat. Vollständiges Wohlbefinden durch 4 Jahre hindurch; verheirathet sich, alsdann wieder die alten Schmerzen vom Magen nach dem Rücken und der linken Schulter hin ausstrahlend, Appetitlosigkeit. Im October desselben Jahres plötzliches Blutbrechen Morgens 4 Uhr, ist in Folge dessen $1\frac{1}{2}$ Stunde bewusstlos; 4 Tage nachher, als er Schnaps getrunken, wiederholt sich das Blutbrechen, abermalige Bewusstlosigkeit. In beiden Fällen war der Stuhl hinterher schwarz. Nach von einem Arzt gegebenen Pulvern fühlte sich Pat. wieder wohl, konnte arbeiten. Zwei Jahre später bekam er wieder so heftige Magenschmerzen, dass er aus Furcht vor Schmerzen wenig ass. In den nächsten Jahren wechselten Schmerz und Wohlbefinden, er brach dann wieder Blut. Nach abermaliger ärtzlicher Behandlung (7 Wochen lang Milch und Weissbrod genossen) fühlt er sich wohl und ist für die Zeit bis jetzt arbeitsfähig gewesen. Seit 3 Wochen klagt er wieder die alten Beschwerden. Ord.: Bismuth. sub.; 1 Büchse Rosenthalsche Fleischsolution, Milch, Bouillon, Weissbrod. Wird nach einigen Wochen gebessert entlassen.

No. 23.

G. St. Arbeiter; 60 Jahr. Aufg. 5. I. 1881. Entl. 20. I. 1881. Diag. Ulcus ventriculi corrosivum.

Pat. hatte im 16. Lebensjahr eine Coxitis, die eine erhebliche Verkürzung des rechten Beines verursachte. Seit seinem 10. Lebensjahr hatte er häufig Erbrechen und Ekel vor einzelnen Speisen. Hat 3 mal linksseitige Lungenentzündung gehabt. Seit 3 Wochen hat er häufiges Blutbrechen und schwarzen Stuhl, er ist sehr anämisch. Im Epigastrium Druckempfindlichkeit und spontaner Schmerz, Bauch aufgetrieben, harte Fäces durchzufühlen. Uebelkeit, Aufstossen, Ord.: Flüssige Diät; Bismuth. subnitr. Während seines Hierseins hatte er kein Erbrechen, die Schmerzen sind ganz geschwunden; 20. I. entlassen.

No. 24.

M. Sch. 37 Jahr; verheirathet. Aufg. 13. VII. Entl. 20. VII. 1881. Diag. Ulcus ventriculi corrosivum.

Patientin bekam vor 2 Jahren mit einem gleichzeitigen brennenden Schmerz am linken Schulterblatt, Magenbeschwerden und häufiges Erbrechen. Einige Monate später erbrach sie grössere Mengen dunkeln klumpigen Blutes; sie magerte seitdem ab, bekam unregelmässige menses. Sie ist anämisch und etwas cyanotisch, hat spontane Schmerzen im Epigastrium und den untern Partien der Brustwirbelsäule. Bei leichtem Druck im Epigastrium Plätschern vernehmbar; Pulsation der Bauchaorta durchzufühlen, die Wirbelsäule abzugrenzen. In der Lendengegend 2 Hautnarben, angeblich von Blutschwären herrührend. Nach Bouillon-Genuss saures Aufstossen; daher Ord.: ausschliessliche Michdiät, Karlsbaderwasser, später Ei; das subjective Befinden erheblich gebessert, sie wird auf Wunsch entlassen. — Am 19. IX. 1881 kehrt sie äusserst kachectisch zurück; regio epigastrica sehr druckempfindlich, abdomen eingesunken; Appetit schlecht, Stuhl angehalten, zuweilen dünn. Die Aufblähung des Magens mit Kohlensäure ergiebt eine nicht unerhebliche dilatatio ventriculi und Schlussfähigkeit des Pförtners. Ausserdem wird eine metritis sowie anteflexio uteri diagnosticirt. Ord.: Magenausspülungen mit lauer Kochsalzlösung; Fleischsolution, Milch, Bismuth. subnitr. Sie wird am 12. XI. 1881 gebessert entlassen; Gewichtszunahme 4 Pfd.

No. 25.

H. W. 22 Jahr; Arbeiter. Aufg. 4. VII. 1881. Entl. 10. VIII. 1881. Diag. Haematemesis; Ulcus ventriculi corrosivum.

Pat. hat seit 1875 häufig Uebelkeit mit Erbrechen einer hellen Flüssigkeit; gegen 1880 fast tägliches Erbrechen. Im Herbst 1880 erbrach er viel Blut, auch soll der Stuhl längere Zeit schwarz gewesen sein. Nach dieser Zeit fühlte er sich einige Monate wohl; im März 1881 wieder häufiges Erbrechen, nicht selten Haematemesis. Heftige Magenschmerzen, die nach der Blase und dem Rücken ausstrahlten, Kopfschmerz, Neigung zu Ohnmachten. In den letzten 10 Wochen 30 Pfd. abgenommen, sieht anämisch aus. Ord.: Bismuth. subnitr. (0,2 pro dosi) flüssige Diät. 10. VII. Schmerzen geringer; Karlsbader-Mühlbrunnen. 20. VII. Schnelle Besserung, keine Schmerzen mehr, Gewichtszunahme, Polyurie, ohne Zucker. 28. VII. Schüttelfrost, Kopfschmerz, Schwindel, Leibschmerz, Kreuzschmerzen, Mattigkeit. — Calomel innerlich. 29. VII. Besserung; geringe Kopfschmerzen. 2. VIII. Ohne jegliche Beschwerden, hat nicht mehr gebrochen, wird am 10. VIII. geheilt entlassen.

No. 26.

I. A. 21 Jahr; cand. med. Aufg. 10. VI. Entl. 20 VI. 1881. Diag. Ulc. ventric. rotundum. Delirium.

Pat., ein verstockter Potator, hat bereits vorher Blut erbrochen. Er wird fast pulslos in die Anstalt gebracht, da er kurz vorher mehrere Liter Blut erbrochen hatte. Er delirirte auch früher schon; zeigt gegenwärtig benommenes Sensorium, knirscht mit den Zähnen. Er ist sehr anämisch; Bauch aufgetrieben. Ord.: Extr. carnis recens paratum. 200 (stündl. 1 Essl.) Morphiuminjection. Stuhl durch 3 Tage hindurch stets theerartig. Pat. delirirt fortwährend, ist zuweilen sehr unruhig. 14. VI. Wird ruhiger; Ord.: Cognac. — Bismuth. subnitr. — Extr. Opii 0,03, Sacch. 2,0 X. Dos. tägl. 3 Pulv. 17. VI. Freies Sensorium, ist ganz ruhig; kein Erbrechen wieder gehabt. Gestern etwas Magenschmerzen, die heute geringer. 20. VI. entlassen.

No. 27.

C. H. Arbeiter; 31 Jahr. Aufg. 18. II. 1882. Entl. 2. III. 1882. Diag. Ulcus ventriculi corrosivum. — Anaemia.

Pat. klagt seit letzten Herbst Magenbeschwerden, (Uebelkeit, häufiges Erbrechen und Schmerz im Epigastrium besonders nach der Mahlzeit). Vor 5 Tagen erbrach er plötzlich grössere Mengen klumpigen dunkelbraunen Blutes. Er hat einen reichen Paniculus, aber sehr blasse Schleimhäute, blasses Gesicht, Cyanose der Lippen. Im Epigastrium spontane Schmerzen und ziemlich starke Druckempfindlichkeit. Appetit gut, Stuhl angehalten. Ord.: Karlsbader-Mühlbrunnen; Magistr. Bismuthi. Flüssige Diät. Am 2. III. ohne jede Beschwerden entlassen. Siehe unten No. 36.

No. 28.

W. U. 48 Jahr; verheirathet. Aufg. 8. III. Entl. 26. III. 1882. Diag. Ulcus ventriculi corrosivum.

Patientin leidet seit einem halben Jahr an Uebelkeit und Erbrechen meist nach den Mahlzeiten, Druck und Völlegefühl im Magen. Seit Weihnachten hat sie einige Mal Blut gebrochen. Die regio epigastr. druckempfindlich und spontan schmerzhaft; man sieht in derselben zuweilen peristaltische Bewegungen, die sich bei der Respiration abwärts bewegen (Verwachsung sichtbarer Darmschlingen mit der Leber). Ord.: Milchdiät, später Fleischkost; wird am 26. III. gebessert entlassen.

No. 29.

R. W. 31 Jahr; Landmann. Aufg. 3. III. Entl. 6. IV. 1882. Diag. Ulcus ventriculi corrosivum.

Pat. klagt seit August vorigen Jahres über Schmerzen im Magen, die nach dem Unterleib hin ausstrahlen. Die Schmerzen sind am stärksten des Morgens und nach Tisch, so das Pat. aus Furcht vor denselben wenig Nahrung zu sich nahm. Appetit ist ausserdem gut. Häufiges Brennen und Hitzegefühl in der rechten Seite, das sich nach Aufstossen milderte. Kein Erbrechen, Stuhl mitunter schwarz. Pat. ist anämisch, hat starke dilatatio ventriculi, zuweilen Wasserkolk. Ord.: Milch, Weissbrod, wobei er sich recht wohl fühlt. 7. III. Pepsin. 5,0, Sacch. lact. 10,0. M. f. p. divide in p. aequal. XV S. 3 mal tägl. vor der Mahlzeit ein Pulver. — Acid. muriat. dilut. 20,0 (3 mal tägl. 6 Tropfen.) Extr. carn. rec. parat. 200 (2 stündl. 1 Essl.) — Wird nach stetiger Besserung am 6. IV. auf Wunsch entlassen.

No. 30.

F. O. 28 Jahr. Unverheirathet. Aufg. 25. III. Entl. 29. III. 1882. Diagn. Ulcus. ventriculi corrosivum.

Patientin leidet schon längere Zeit an schlechtem Appetit, Aufstossen und Erbrechen besonders des Morgens; er brach vor 10 Tagen etwa ein Weinglas voll hellrothen nicht geronnenen Blutes. Kein Blut im Stuhl; Zunge dick belegt, Epigastrium schmerzhaft. Ord.: Fleischsolution, Milch und Weissbrod. — Kein Erbrechen wieder, geht nach 4 Tagen mit gutem Befinden fort.

No. 31.

M. H. 22 Jahr. Unverheirathet. Aufg. 8. V. Entl. 26. V. 1882. Diag. Ulc. ventriculi corrosivum. — Anaemia.

Patientin hatte vor 6 Jahren die Gelbsucht, zwei Jahre später Typhus; seitdem ist sie im Frühjahr und Herbst besonders stark chlorotisch. Seit derselben Zeit hat sie Schmerzen in der Magengegend besonders nach dem Essen, dazu Kopfschmerz, Schwindel und Erbrechen. Vor $^1/_2$ Jahr erbrach sie zum ersten Mal Blut, später noch 6 mal und zwar stets nach schwerer Arbeit. Letztes Blutbrechen vor 14 Tagen, seitdem liegt sie wegen Schwäche zu Bett. Sie ist gut genährt, aber sehr blass. Zunge belegt, foetor ex ore; Epigastrium druckempfindlich, auch spontan leicht schmerzhaft. An beiden Lungenspitzen Catarrh. Stuhl angehalten. Ord.: Milchdiät, Karlsbaderwasser, Bismuth. subnitric. 19. V. Noch leichte Schmerzen in der Magengegend und Aufstossen; Appetit gering. 22. V. Kaum fühlbare Magenschmerzen, Appetit besser. 23. V. Diphtheritischer Belag auf der linken Tonsille. 25. V. Der Belag verschwunden; sie fühlt sich wohl, Appetit nicht gross, sie wird am 26. V. auf Wunsch entlassen.

No. 32.

K. K. Tagelöhner, 27 Jahr. Aufg. 22. VI. Entl. 11. VII. 1882. Diagn. Ulcus ventriculi corrosivum. Dilatatio ventriculi. —

Pat. hat seit 4 Jahren Erbrechen ungefähr 1—2 Stunden nach dem Essen; erbrochen werden Schleim und Speisereste. Zu Anfang dieses Jahres zweimaliges Blutbrechen; nach dem ersten war er 6 Wochen, nach dem zweiten 8 Tage bettlägerig. In seinem 21. Lebensjahr hatte er Pleuropneumonie. Gegenwärtig klagt er über Magenschmerzen, Appetitlosigkeit und geringen Schlaf. Er will seit 4 Jahren 30 Pfd. leichter geworden sein. Die Zunge belegt, sichtbare

Schleimhäute blass. Epigastrium etwa 3 Finger breit über dem Nabel etwas vorgetrieben. Schmerz hauptsächlich unter dem linken Rippenbogen und in der linken Hüftbeingrube. Bis 4 Querfinger unterhalb des Nabels eine deutliche Prominenz mit nach unten gerichteter Convexität. (Vergrösserter Magen!) Milzdämpfung vergrössert, ziemlich starke Druckempfindlichkeit daselbst und in der Gegend des 11. und 12. Brust- und 1. Lendenwirbels. Ord.: 1 l Milch pro die, Bouillon, Weissbrod. Nach 5 Tagen Verringerung aller Beschwerden; Appetit noch mässig, ab und zu Schmerzparoxysmen besonders nach Speisegenuss. — Fleischsolution! — Pat. verlässt mit 6 Pfd. Gewichtszunahme die Anstalt.

No. 33.

G. H. 29 Jahr; Müller. Aufg. 10. VII. Entl. 3. VIII. 1882. Diag. Ulcus ventriculi corrosivum.

Pat. klagt seit wenigen Wochen Schmerzen in der Herzgrube: in der Nacht vom 6. zum 7. Juli hatte er einen Schwindelanfall, war mehrere Tage bettlägerig, während welcher Zeit ein neuer stärkerer Schwindelanfall eintrat. Starke Blässe; er hat kein Blut erbrochen, ob Blut im Stuhl weiss er nicht. Neben der starken Anämie leichte Cyanose und Dyspnoe. Epigastrium spontan schmerzhaft und circumscripte Druckempfindlichkeit. Puls kräftig, etwas frequent. Appetit gering. Abends während der Visite, als sich Pat. im Bett etwas aufrichtet, bekommt er plötzlich Blutbrechen (erbricht ungefähr 700 ccm Blut), das sich nach $1/_2$ Stunde wiederholt, doch nicht in gleichem Umfange. Ord.: Eisblase auf den Magen, Eispillen innerlich, Ergotin subcutan. Liq. ferri sesquichlor. gtt. VI in mucilago salep; Opii gtt. V innerlich. Ferner: Extr. carnis recens parat. — Pat. bleibt bei Bewusstsein, hat Kopfschmerz, ist sehr schwach. Puls ziemlich frequent. 11. VII. Hat ruhig geschlafen, noch etwas Kopfschmerz; Puls gut, kräftig. — Ord.: Bismuth. subnitr. (0,3 pro dosi). Tinct. Opii simplicis gtt. V. — Extr. carnis rec. parat. 12. VII. Kopfschmerz, etwas Fieber, nicht selten Aufstossen; Erbrechen fand nicht wieder Statt. 15. VII. Stuhl angehalten, im Uebrigen wesentliche Besserung; Appetit gut. 3. VIII. Pat. wird nach steter Besserung und schliesslich andauerndem Wohlbefinden geheilt entlassen.

No. 34.

H. Sch. 26 Jahr; Schneider. Aufg. 18. VII. Entl. 8. VIII. 1882. Diag. Ulcus ventriculi corrosivum.

Pat. ist seit Jahren magenleidend, erbricht seit mehreren Wochen Blut, (stets kleine Mengen) zuletzt vor 4 Tagen. Klagt starke Schmerzen im Epigastrium, die nach dem Rücken zwischen die Schulterblätter ausstrahlen; starke Druckempfindlichkeit. Appetit mässig, Stuhl angehalten. Ord.: Karlsbadersalz, Milch, Bouillon; Extr. carnis recens paratum. 25. VII. Acid. carbolic 0,5, Tinct. aromat. 30,0 M. D. S. 3 mal tägl. 20 Tropfen. 27. VII. Gutes Allgemeinbefinden. 8. VIII. Geheilt entlassen.

No. 35.

J. W. 46 Jahr; unverheirathet. Aufg. 13. I. Entl. 17. I. 1883. Diag. Ulcus ventriculi corrosivum. — Anaemia.

Patientin erbrach während des letzten halben Jahres 5 mal sturzähnlich, ohne jede Würgbewegung, geronnenes klumpiges Blut; seit $^1/_4$ Jahr der Stuhl stets schwarz. Sie ist sehr abgemagert, zeigt auffallende Blässe des Gesichts, sowie der sichtbaren Schleimhäute, klagt über starken Druck in der Magengegend. Puls 100, wenig gespannt. Bauch flach, leichtes Plättschern in der Magengrube, daselbst sieht man eine Pulsation, die man in der Medianlinie bis zum Nabel fühlen kann. Die Lymphdrüsen oberhalb der Clavicula etwas geschwollen; am Hals systolische Venengeräusche wahrzunehmen. Ord. Bismuth. subnitr. — Extr. carnis rec. parat. — Milch. — Patientin wird nach 3 Tagen etwas gebessert auf Wunsch entlassen.

No. 36.

C. H. 33 Jahr; Tagelöhner. Aufg. 16. I. Gestorben 1. II. 1883. Diag. Ulcus ventriculi rotundum. Haematemesis.

Pat., bereits im Februar letzten Jahres hier wegen Ulcus ventric. behandelt, hat nach seiner Entlassung die ihm angerathene Diät gar nicht beobachtet, alsbald wieder Magenbeschwerden, später Erbrechen täglich mehrmals, auch einige Male wieder Blutbrechen; zuletzt vor 14 Tagen. Er ist hochgradig anämisch, klagt über Mattigkeit und Appetitlosigkeit, Schmerzen und Druckempfindlichkeit im Epigastrium; dasselbe ist leicht vorgewölbt. Puls elend, Pat. schläft viel Harn alkalisch, riecht aromatisch. Ord.: Bismuth. subnitr. Eisblase auf den Magen. Milchdiät. 18. I. Acid. carbolicum innerlich; weniger spontane Schmerzen. 21. I. Tiefbraune Massen erbrochen, in der viel Sarcina, Fetttröpfchen und Amylumkörperchen vorhanden sind. Extr. carnis rec. parat. — Natr. salicyl. 4,0, Bismuth. subnitr. 3,0 Natr. bicarb. 20,0 M. D. in scatul. S. 3 stündl. 1 Messerspitze voll zu nehmen. 24. I.

3—4 l dunkelbrauner Flüssigkeit gebrochen; Schmerzen. Eisblase.
31. I. Wiederholtes profuses Blutbrechen; Collaps; Exitus laetalis.

Sectionsbericht.

Aeusserst blasse Leiche, sehr blasse Herzmuskulatur, blasses Blut, viel Speckgerinsel. Lunge anämisch. Milz, Magenfundus und Quercolon fest miteinander verwachsen. Milz sehr klein. Quercolon auch mit der Leber fest verlöthet; in der Pylorusgegend von aussen eine starke Resistenz fühlbar, Pylorus für den Finger leicht durchgängig. Im Magen etwa 1 l schwarzrother Flüssigkeit. An der Magenwand dicht am Pylorus ein grosses ovales Geschwür, dessen 7 cm lange Längsaxe auf der kleinen Curvatur senkrecht steht, doch so, dass der grössere Theil des Geschwürs auf der hintern Magenwand liegt. Querdurchmesser des Geschwürs 3—5 cm, hinten unten am grössten. Die Ränder sind steil, theilweise überhängend, besonders nach vorn deutlich treppenförmig. Die Anordnung des Geschwürsgrundes ist narbenartig und zeigt eine besonders in der Mitte und hinten hervortretende grob höckerige Configuration, hervorgerufen durch das hier zu Tage liegende Pankreas. An dem nach der Cardia hin liegenden Rande fast genau auf der Höhe der kleinen Curvatur sieht man etwa 1 cm unter dem gerade hier stark überhängenden Schleimhautrande eine kleinere und eine etwas grössere Gefässöffnung. In letztere ist eine Sonde leicht einführbar; die Oeffnung erweist sich als Arteria coronaria ventriculi sinistra. Die gesammte Magenschleimhaut verdickt; Falten, die sich nicht durch Zug ausgleichen lassen. Auch die Serosa verdickt, sehnig. Leber und beide Nieren stark anämisch.

No. 37.

C. W. 34 Jahr; Bremser. Aufg. 5. VIII. Entl. 29. VIII. 1884. Diag. Dilatatio ventriculi. — Ulcus ventriculi corrosivum.

Pat. hatte vor 10 Jahren Typhus und Intermittens; nach dieser Zeit häufiger Magenbeschwerden. Vor 4 und 3 Jahren wiederholt ziemlich starkes Blutbrechen; er wurde von einem Arzt wegen Ulc. ventriculi behandelt. Hat in den letzten Jahren oft krampfartige Cardialgien besonders nach der Mahlzeit gehabt; er erbricht auch seit 6 Wochen wieder jedesmal $1/4 - 1/2$ Stunde nach dem Essen, alsdann Milderung der Schmerzen. Vor kurzer Zeit auch wieder Blutbrechen. Seit drei Wochen hat er täglich 3—6 dünne Stühle. Er ist sehr blass, Zunge belegt, foetor ex ore; Epigastrium aufgetrieben, etwas druckempfindlich, — Plätschern! — Durch strenge Regelung der Diät (Milch, kalte Bouillon, Extr. carnis.) keine wesentliche Beeinflussung der Symptome. Magenausspülungen erschienen noch zu gefährlich. Pat. läuft aus der Behandlung weg.

No. 38.

C. M. 23 Jahr; unverheirathet. Aufg. 31. V. Entl. 19. VI. 1884. Diag. Ulcus ventriculi corrosivum.

Patientin hatte in ihrem 10. Lebensjahre Nervenfieber mit einer „Brustkrankheit." Sie hat am 4. Februar 1884 2 mal Blutbrechen gehabt (jedes Mal $^1/_2$ Ltr.) Seit jener Zeit klagt sie über Cardialgien besonders nach dem Essen, Brust- und Kopfschmerzen, Appetitlosigkeit. Stuhl und Periode waren regelmässig. Sie ist mässig genährt, anämisch; zeigt über der rechten Lungenspitze matten Schall und im Epigastrium ziemlich lebhafte Druckempfindlichkeit. Ord.: Flüssige Diät; Extr. carnis rec. parat. 3. VI. Nicht selten spontane Schmerzen im Epigastrium, Appetit gering, Mattigkeit. — Bismut. subnitr. 8. VI Subjektives Wohlbefinden. 15. VI. Sie hat seit einigen Tagen natürliches Karlsbaderquellsalz (1 Theelöffel voll auf 1 grosse Tasse lauwarmen Wassers) genommen; sie fühlt sich sehr wohl, keinerlei Schmerzen, Appetit gut, sie verträgt gebratenes Fleisch ohne Beschwerden. 19. VI. Geheilt entlassen.

No. 39.

D. M. 42 Jahr; unverheirathet. Aufg. 24. V. Entl. 23. IX. 1885. Diag. Ulc. ventriculi corros. — Tumor abdominis. — Carcinoma?

Patientin, in ihrer Jugend stets gesund, leidet angeblich seit 14 Jahren an corrosivem Magengeschwür; hat häufig Erbrechen, auch Blutbrechen gehabt; Appetitlosigkeit, Abmagerung. Der Stuhl ist seit 4 Jahren ganz unregelmässig, die menses blieben seit 5 Jahren aus. In den letzten 14 Tagen hat sie zweimal Blutbrechen gehabt (angeblich jedesmal eine Waschschüssel voll.) Sie ist sehr anämisch, die Zunge ist grau belegt, Gesichtsausdruck leidend. Brustorgane intact, Puls langsam, klein und elend. Zwischen Nabel und Processus ensifor. vielfach Narben und pigmentirte Stellen, die von Morphiuminjectionen herrühren sollen; ebendaselbst starke spontane Schmerzen. In der Gegend des Processus ensifor. ein Resistenzgefühl und grosse Druckempfindlichkeit. Seitwärts unten im Bauch fühlt man vielfach knollige Massen. Sonst alles normal. Ord.: Milch, Bouillon, Weissbrot, Extr.

carnis. — Acid. muriat. mit Morphium innerlich. 26. V. Sie hat wenig Schlaf wegen Schmerzen, nur nach Morphium subcutan injicirt, etwas Linderung. Nach Pulvis Rad. Jalapae (0,5) und einer Eingiessung werden massenhaft harte Kothvesikel entleert, hiernach sind die knolligen Resistenzen im Unterleib geschwunden. 27. V. Wenig Schlaf, sie kann vor Schmerz kaum auf dem Rücken liegen, hat die Milch wieder gebrochen. 29. V. Trotz vielen Morphiums stets Schmerzen, das Gewicht nimmt ab; innerlich: Acid carbol. (0,5 : 200 aq. dest.) 8. VI. Die Schmerzen haben etwas nachgelassen, sie bricht nicht. 16. VI. Schmerzen wiederum, geringer, Appetit besser. 20. VI. Sie hat nicht wieder gebrochen; keinerlei dyspeptische Beschwerden. Sie bekommt zweimal täglich eine Morphiuminjection. 28. VI. 4. und 10. VII. Status idem. 20. VII. Die Injectionen werden reducirt, können nicht ganz entbehrt werden, da immer noch, wenn auch geringe, spontane Schmerzen und grosse Druckempfindlichkeit besonders links am Rippenbogen vorhanden; daselbst ist mitunter mehr oberflächlich eine kleinhöckerige Resistenz fühlbar. Aussehen der Pat. sehr blass, das Gewicht hält sich. 28. VII. Stuhlverstopfung und Schmerz am linken Rippenbogen. Nach einer Eingiessung Stuhl. Während des ganzen August Stat. idem. 2. IX. Milzdämpfung vergrössert, Milz palpirbar, sehr schmerzhaft. 15. IX. Sehr heftige Schmerzen unterm linken Rippenbogen, mehrfach tägl. Morphiuminjectionen. 23. IX. Geringes Nachlassen der Schmerzen. Patientin dringt auf Entlassung, die ihr gewährt wird.

No. 40.

D. W., 47 Jahr; verheirathet. Aufg. 17. VI. Gestorb. 3. VII. 1884. Diag. Dilatatio ventriculi bewirkt durch stenosis pylori ex ulcere corrosivo. (Fraglich, ob carcinoma oder ulcus ventriculi, speciell, ob carcinoma auf der Basis eines alten ulcus.) —

Patientin war früher stets gesund, hat seit einem Jahre häufiges Erbrechen einer wasserklaren Flüssigkeit. Seit Ostern hat sie häufig kaffesatzähnliche Massen erbrochen, seit derselben Zeit cessiren auch die menses. Appetit war schlecht, Stuhl unregelmässig, schwarz, zäh. In letzter Zeit hat sie täglich 3—4mal erbrochen, hatte Magen- und Rückenschmerzen, ist abgemagert. Die Zunge ist grau belegt, der Bauch wenig schmerzhaft, die Knöchel leicht ödematös. Schwellung der Inguinaldrüsen. Leberresistenz normal, abgesehen von einer Vermehrung in der Medianlinie, die bis 4 cm unter den Nabel reicht. Linke obere Thoraxpartie etwas gedämpft; unbestimmtes Athmen.

Der Bauch ist stark tympanitisch, das Erbrochene sowie der Harn reagiren sehr stark sauer. Ord.: Flüssige Diät, Weissbrod, Extractum carnis. 23. VI. Sie erbricht nicht mehr, klagt noch häufig über brennende, vom Magen nach der Brust hinziehende Schmerzen. Stuhl wie gewöhnlich schwarz gefärbt. Appetit nicht besonders, vermehrte Blässe. 24. VI. In der Nacht schwärzliche Massen gebrochen, Brennen und Schmerzen im Magen. 25. VI. Abermaliges Erbrechen, klagt über heftige Magenschmerzen. Plumb. aceticum, Opium purum, Ferrum sesquichloratum bessern den Zustand nicht. 26. VI. Wieder Erbrechen, starke Kachexie. 27. 28. 29. 30. VI. stat. idem; Oedeme an den Malleolen. 3. VII. In der Nacht 1 l chocoladenfarbiger Massen erbrochen; hat heftige Magenschmerzen, ist sehr matt, Puls äusserst klein und frequent. Morgens $1/_2 7$ Uhr exitus laetalis.

Anatomische Diagnose. Grosses ulcus simplex in der Nähe des Pylorus. Stenosis pylori et dilatatio ventriculi. Peptisches über die Cardia auf die Magenschleimhaut übergreifendes Geschwür des Oesophagus. Arrosion einer Vene im Grund des Pylorusgeschwüres; 1 l einer bierähnlichen braunschwarz gefärbten Flüssigkeit im Magen. Sekundäre Anämie. Mässige regenerative Veränderung im Knochenmark des rechten Oberschenkels. Markige Schwellung einiger Pylorusdrüsen. Lungenödem. Thrombus in der Pfortader; Oedem der untern Extremitäten.

No. 41.

H. B., 28 Jahr Dienstmädchen. Aufg. 4. VII. Entl. 7. VII. 1884. Diag. Ulcus ventriculi corrosivum.

Patientin leidet seit 9 Jahren an Bleichsucht, seit 2 Jahren an Magenschmerzen, besonders nach dem Essen; mitunter hatte sie auch Erbrechen ebenfalls am häufigsten nach der Mahlzeit. Seit einem Monat häufigeres Erbrechen, seit 14 Tagen einige Male Blut erbrochen. Seit 2 Jahren hat Patientin sehr schmerzhafte Menstruationen, so dass sie jedesmal bettlägerig ward. Die Magengegend ist druckempfindlich und spontan schmerzhaft, die Schmerzen strahlen nach der Brust hin aus Patientin ist mässig genährt, hat sehr blasse Schleimhäute, eine dick grau belegte Zunge, Appetitlosigkeit und trägen Stuhl. Ord.: Flüssige Diät. Nach 3 Tagen wird Patientin etwas gebessert und auf dringenden Wunsch entlassen.

No. 42.

J. K., 37 Jahr; verheirathet. Aufg. 2. IX. Entl. 28. IX. 1884. Diag.: Ulcus ventriculi corrosivum. — Haematemesis.

Patientin, deren Familie durch Phthise hereditär belastet ist, hatte als Kind die englische Krankheit, lernte erst im 7. Lebensjahre gehen. Im 22. Lebensjahre hatte sie Abdominaltyphus, von dem sie sich gut erholte. Sie verheirathete sich und gebar 4 Kinder in normalen Wochenbetten. Bereits vor 4 Jahren bekam sie einmal ganz plötzlich Blutbrechen, nachdem sie Tags zuvor schwarzen Stuhl entleert hatte. Seitdem häufiger schwarzen Stuhl. In vergangener Nacht bekam sie plötzlich heftiges Blutbrechen, ohne die Tage zuvor, von geringer Appetitlosigkeit abgesehen, die leisesten Beschwerden verspürt zu haben. Sie ist sehr blass, die Zunge eigenthümlich graumattroth mit weisslichem Belag. Starker foetor ex ore! Ord.: Flüssige Diät; Liq. ferri sesquichl. 4. IX. Sie hat circa 150 gr. dunklen Blutes erbrochen, hat heftige Schmerzen in der Magengegend. — Eisblase; Liquor ferri sesquichlor. 9. IX. Zunge dick weissgrau belegt, noch immer starker foetor. 14. IX. Appetit besser, Zunge ziemlich gereinigt; Epigastrium noch druckempfindlich. Mehrfach hartnäckige Stuhlverstopfung, sehr schmerzhafte schwierige Defäcation. 19. IX. Stuhl mehr geregelt; sie fühlt sich besser, erscheint indessen noch sehr blass und matt. 22. IX. Beim Versuch aufzustehen, zeigt sich Neigung zum Erbrechen; sie erbricht auch später flüssige Speisemassen. 24. IX. Sie friert viel ausserhalb des Bettes, im Uebrigen leidliches Wohlbefinden. 28. IX. Sie wird auf Wunsch entlassen.

No. 43.

A. H. 17 Jahr; Dienstmagd. Aufgen. 1. XII. Entl. 18. XII. 1884. Diag.: Chlorosis cum adipositate. — Ulcus ventriculi corrosivum.

Patientin zeigt seit 8 Jahren Neigung zu Ausschlägen an den Vorderarmen und auf dem Rücken sowie zu Eiterungen an den Fingerspitzen. Vor einem halben Jahre bekam sie Blutandrang nach dem Kopf, Schwindel, Ohrsausen, Kopfweh, Herzklopfen; dies wiederholte sich häufig, und es kamen Stiche in der linken Seite hinzu. Seit 4 Wochen hatte sie allerlei ängstigende Visionen, vor 3 Wochen erbrach sie ziemlich viel klumpiges geronnenes Blut. Sie ist fett, aber sehr anämisch. Die Herzdämpfung verbreitert, besonders an der Herzspitze ein systolisches Geräusch vernehmbar, Herzaction nicht beschleunigt. Geringe Druckempfindlichkeit im Epigastrium, allgemeine Mattigkeit. Ord.: Flüssige Diät. Pilul. ferr. reduct. (5,0) No. 150; S. 3mal täglich 3 Pillen. 5. XII. Magenschmerzen; Bismuth. sub. 10. XII. Auf den Tonsillen kleine und grössere Beläge, Hals- und Kopfschmerzen, Fieber. — Liquor Alumin. acet. (1 : 100) zum Gurgeln 13. XII. Die Beläge sind nach dem Gurgeln verschwunden; sie fühlt sich nach den Eisenpillen sehr wohl und kräftig, das systolische Geräusch am Herzen kaum noch zu vernehmen. Sie wird am 18. XII. auf Wunsch entlassen.

No. 44.

G. G., 43 J., Seiler. Aufg. 25. X. Entl. 7. XII. 1884. Diag.: Altes ulcus ventriculi. — Dilatatio ventriculi?

Pat. leidet bereits seit Jahren an Appetitlosigkeit und Magenschmerzen nach Speisegenuss. Mitunter auch Nachts und früh am Morgen sehr heftige Magenschmerzen. Vor 3 Jahren hatte er reichliches Bluterbrechen, das sich in demselben Jahre 3mal wiederholte. Das erbrochene Blut soll theils geronnen, klumpig, theils flüssig und hellroth gewesen sein. Er ist seit 3 Jahren von einem Arzte im Wesentlichen mit strenger Diät behandelt; seine Kräfte haben sehr abgenommen, sein Zustand sei nicht gebessert. Er ist sehr blass, hat eine belegte Zunge, sehr trägen Stuhl; der Urin ist alkalisch. (Phosphatsediment!) Pat. klagt über Magenschmerzen; das Epigastrium ist aufgetrieben, druckempfindlich, daselbst ein Plätschern vernehmbar. Ord.: Flüssige Diät; Fleischpeptone. Weissbrod. Er klagt am 5. XI. über starke Magenschmerzen, die Zunge ist stark belegt, — foetor ex ore. Bismuth. subnitr. und Karlsbaderwasser 16. XI. Besserung; die Zunge rein, Appetit gut; Urin sauer. Er wird am 7. XII. mit subjectivem Wohlbefinden entlassen. Körpergewicht nicht vermehrt.

No. 45.

J. B. 46 Jahr; verheirathet. Aufg. 15. XI. Gestorben 29. XI. 1884. Diag. Ulcus ventriculi corrosivum. Dilatatio ventriculi. Incontinentia pylori. Perforationsperitonitis.

Patientin leidet seit einem Jahr an Cardialgien, die nach dem Rücken hin ausstrahlen, an saurem Aufstossen, schmerzhaftem Würgen und Erbrechen meist klarer Flüssigkeit. Seit letztem Herbst steigerten sich die Erscheinungen; es trat Appetitlosigkeit ein und häufig Schlaflosigkeit wegen Magenschmerzen. Seit 3 Monaten blieben die menses aus, das Erbrechen sah kaffesatzähnlich aus während dieser Zeit, der Leib war dabei geschwollen. Sie ist anämisch und mager, nicht druckempfindlich in der Magengegend, der Bauch ist in der mittleren untern Gegend aufgetrieben; bis Handbreite unter den Nabel ein Fluctuationsgefühl und Plätschern; tympanitischer Perkussionsschall, der sich bis zur 6. linken Rippe verfolgen lässt. Seit 6 Monaten Schwellung der Leisten- und linken Claviculardrüsen. — Sie hat in der Anstalt gebrochen; das Erbrechen ist kaffesatzähnlich, nicht sauer; es enthält Sarcina, keine frischen Blutkörperchen aber Detritus, Fettsäurenadeln und einige gequollene Amylumkörnchen. Ord.: Flüssige Diät (alles abgekühlt); Bismuth. subnitr. 19. XI. Patientin hat in der Nacht circa 500 ccm einer schwarzen Flüssigkeit erbrochen, nachdem sie zuvor heftige Magenschmerzen hatte. 23. und 24 XI. Abermaliges Erbrechen von schwärzlichen Massen, die jetzt sehr sauer reagiren. 26. XI. Bei Aulblähung des Magens mit Kohlensäure entweichen die Gase sofort in den Darm, der ganze Leib wird gleichmässig aufgetrieben, also incontinentia pylori. Der Harn ist deutlich alkalisch, zeigt ein reichliches ziemlich lockeres Sediment, das meistens von Ammoniakbildung herrührt; — alkalische Harngährung. 28. XI. Abends 10 Uhr ziemlich heftige Leibschmerzen, die nach einer Injection von Morphium und Atropin nachlassen. Sie schläft gut bis um 4 Uhr Morgens, um welche Zeit sie ein halbes Ltr. dunkler Massen erbricht. Um $1/_2 8$ Uhr klagt sie über heftige Magenschmerzen, sie liegt stets auf der linken Seite. Der Puls wird sehr klein, ist schliesslich trotz Excitantien kaum fühlbar; sie collapirt vollständig, um 10 Uhr exitus laetalis. —

Sectionsbefund siehe Einleitung!

Zum Schluss möchte ich nicht versäumen, noch kurz 4 Fälle zu erwähnen, bei denen wegen des nur 2—3tägigen Aufenthaltes der Patientin im Spital wenig Gelegenheit zur Beobachtung characteristischer Symptome und zu erfolgreichen therapeutischen Massregeln gegeben war, bei denen indessen die Diagnose ulcus ventriculi durch die Anamnese gesichert erschien. Drei dieser Fälle betrafen das männliche einer das weibliche Geschlecht; bei allen 4 Fällen waren laut Anamnese Magenschmerzen besonders nach der Mahlzeit, bei dreien Hämatemesis, bei zweien häufiges Erbrechen nach Tisch und Uebelkeit vorhanden gewesen. Was das Alter dieser Patientin anbetrifft, so ist das nähere aus einer unten aufgestellten Tabelle zu ersehen, in welcher dieselben mit einem * bezeichnet mit aufgeführt sind. —

Aetiologie.

Das ulcus ventriculi corrosivum wird, wie wohl heut allgemein, anerkannt ist, einerseits durch circumscripte Circulationsstörungen in der Magenwand (mit Blutung oder Anämie), andererseits durch abnorme

Säurebildung im Magen verursacht; in den meisten Fällen dürfte ein Zusammentreffen beider Corrosionsmomente Statt haben. Jene Ursachen für die Circulationsstörungen können nach den verschiedenen Autoren sehr verschieden sein. Kleinste Arterien und Capillaren können atheromatös erkranken, fettig degeneriren (Virchow; wohl nicht thrombosirt werden, wie derselbe Autor meinte, da die Anastomosen im Magen zu zahlreich sind); dieselben Gefässe können sich spastisch contrahiren (Klebs) und so eine circumscripte Anämie der Magenschleimhaut verursachen. Es kann durch heftige Brechbewegungen, krampfhafte Contractionen der Magenwand, durch Krankheiten der Pfortader oder der Leber, (Muskatnussleber, Cirrhose, grosse Geschwülste in der Leber,) durch Verdichtungen der Lungen u. s. w. zu venöser Stauung hämorrhagischen Infiltrationen der Magenwand und hiermit 'zu chronischer Hyperämie und hämorrhagischer Nekrose der Schleimhaut kommen.

Aus demselben Grunde führt chronischer Magenkatarrh nicht selten zu ulcus ventriculi; freilich werden erst meist hämorrhagische Erosionen, umschriebene Stasen und Schorfbildungen eine Vorstufe des ulcus bilden, es wird dessen typischer Character aber um so früher erreicht werden, je mehr Schleimhaut und Magenwand überhaupt durch reflectorische Contraction der Gefässe in der Nachbarschaft einer Erosion anämisch gemacht und so der corrodirenden Einwirkung des Magensaftes Preis gegeben wird. Ich sage durch reflectorische Contraction, denn es ist nach den Ausführungen von Klebs recht wohl denkbar, dass die durch leichte Läsionen der Magenoberfläche blossliegenden Arterienenden und vasomotorischen Nerven gereizt und contrahirt werden, beziehungsweise eine Contraction auslösen. Es können ferner mechanisch, thermisch und chemisch reizende Ingesta aus naheliegenden Gründen ulcus ventriculi, respective dessen Vorstufe, die hämorrhagische Erosion verursachen. Ebenso können Chlorose sowie Menstruationsanomalien, ferner alle Krankheiten, die zu starken Säfteverlusten und häufig zu allgemeiner Kachexie führen wie Tuberkulose, Pleuritis, Krebs, Typhus, Pneumonie, Puerperalzustand etc. gelegentlich ein ätiologisches Moment für Magengeschwür bilden. Schliesslich sahen einige Autoren nach starken Hautverbrennungen, Traumen, speciell Contusionen der Magengegend (Lebert), nach Tichinose sowie Verletzungen gewisser Theile des Hirns und Rückenmarks und daraus resultirenden Blutdrucksteigerungen (Ebstein) ulcus entstehen. Auch sollen Klima und die Lebensweise gewisser Volksklassen, Geschlecht und Alter direct und indirect Einfluss auf die Entstehung desselben haben.

Versuchen wir nun das uns vorliegende Material nach diesen Gesichtspunkten zu analysiren, so kommen wir zu folgenden Resultaten: In 7 Fällen (No. 6. 13. 15. 16. 31. 41. 43) ist mit ziemlicher Sicherheit der Chlorose die Bedeutung eines ätiologischen Momentes zu zuweisen; nehmen wir als Gesammtzahl unserer Fälle — die vorhin nur kurz aufgeführten 4 mitgerechnet — die Zahl 48 an, so ergäbe das eine Häufigkeit von 14,5%. Wenn auch unter diesen Fällen einige sind, bei denen noch andere ätiologische Factoren mitwirken oder geradezu der Chlorose den Rang streitig machen, so werden wir gleich bei anderen Gelegenheiten wieder als Prädisponens oder eigentlichste Ursache für ulcus die Chlorose zu verzeichnen haben. Auch Leube (Ziemssen, Handbuch der spec. Pathol. u. Therap.) bringt die Bleichsucht mit der Entstehung des Magengeschwürs und seiner Recidive in directen Zusammenhang. Er sucht in einer schlechten Ernährung und in einer dadurch bedingten leichtern Zerreisslichkeit der Gefässwände sowohl bei Chlorose und Anämie wie überhaupt bei allen Krankheiten, die zu starken Säfteverlust, zu chronischer Kachexie führen, eine besondere Disposition für ulcus ventriculi. Indessen dürfte wohl durch die bei all diesen Zuständen so häufig eintretende Atrophie des Magens, durch das Welken und Erschlaffen der Muskulatur desselben nicht minder häufig Gelegenheit zur Magengeschwürsbildung gegeben werden. Es werden nämlich, besonders wenn — wie das bei den untern Volksklassen wegen deren gewöhnlich sehr verkehrten Lebensweise häufig der Fall ist — schwer verdauliche Ingesta eingeführt werden, dieselben gerade wegen der wenig leistungsfähigen Magenmuskulatur nur langsam fortbewegt; es wird so durch den fast chronischen Reiz der Ingesta in abnormer Weise auf circumscripte Magenwandpartien, Säure abgesondert und die Möglichkeit einer Schleimhauterosion ist da. Ist die Erosion aber erst geschaffen, so werden die allgemeine Anämie und die sonst weiter wirkenden Schädlichkeiten ein Umsichgreifen der Anätzung nur fördern und so das ulcus bilden. In einer ganzen Reihe von Fällen beobachten wir (mitunter sogar starke) Anämie, die erst durch mehrmalige Hämatemesis hervorgerufen wurde. Dies dürfte besonders in therapeutischer Beziehung nicht unwichtig sein, da sich durch diese secundäre Anemie das ulcus selbst die besten Bedingungen zu seiner Weiterentwicklung schafft. Oft kann der Hämatemesis neben geeigneter Diät durch ruhiges Verhalten vorgebeugt werden. In den Fällen No. 3, 14, 33 wurde Hämatemesis einmal durch schweres Heben, einmal durch einen Sturz und in dem letzten Fall durch blosses Aufrichten im Bett verursacht. Wenn wir bei No. 33 nach Leubes Vorgange wegen der starken Anämie des Patienten eine grössere Zerreisslichkeit seiner Gefässwandungen annehmen (vielleicht hatten auch schon Gefässarrosionen und innere Blutungen — daher die Ohnmachten — Statt gefunden), so wäre es recht gut denkbar, dass durch den Act des Aufrichtens und den dadurch verstärkten intraabdominalen Druck ein Bersten eines kleinen Gefässes bewirkt wurde. Weit mehr dürfte dies geschehen bei schwerem Heben. — Für die Fälle No. 6, 8, 9, 10 41 können wir neben andern gleichzeitigen Factoren in Menstruationsanomalien wesentlich prädisponirenden Momente finden. In Fall 9 kommt noch gravirend hinzu, dass Patientin nach ihrem 18. Lebensjahre in verhältnismässig kurzer Zeit 4 Kinder gebar; dasselbe hat Statt bei No. 42. Es ist in beiden Fällen, die ausserdem durch Phthise hereditär belastet erscheinen, durch die häufigen Wochenbetten und das Säugen wegen der damit verbundenen Säfteverluste genug Anlass zur Bildung eines ulcus gegeben. Bei No. 10 setzten die menses schliesslich ganz aus und könnte man hier nach dem Vorgange einzelner Autoren vielleicht von einer vicariirenden Menstruation sprechen. Ausserdem finden wir in der Anamnese von 4 Fällen (No. 31, 37, 38, 42.) Typhus abdominalis (bei 37 auch Intermittens), in der von dreien (No. 4, 12, 19) chronischen Magenkatarrh, bei drei andern (No. 11, 13, 23) Pneumonie, zweimal (No. 6 u. 32) Pleuritis, zweimal (No. 35 u. 43) eine Herzaffection. Bei No. 26 dürfte stark ausgebildetes Potatorium die Quelle des Magengeschwürs gewesen sein. Wenn es erlaubt ist, aus dem Stande einen Rückschluss auf die Lebensweise der Individuen zu machen, so dürfte die Ernährung der von uns vorgeführten Patienten im Wesentlichen eine unzweckmässige und ungenügende gewesen sein: Elf der männlichen Individuen waren allein Arbeiter, zwei Landleute, einer Schneider, einer Steinbrecher, ferner Seiler, Tuchmacher etc. Es scheint also, als ob die besondere Disposition dieser Volksklasse (gerade wegen deren Lebensweise) nicht von der Hand zu weisen ist. Was nun das Alter und Geschlecht anbetrifft, denen von vielen Autoren ein gewisser indirecter Einfluss auf Magengeschwürsbildung zugeschrieben wird, so erlaube ich mir eine Tabelle aufzustellen, in welcher beide in entsprechender Weise berücksichtigt werden:

Alter	Männer	Frauen	Summe	Procent
5—10 Jahre	0	0	0	0,0
11—15 »	0	1*	1 }	6,3
16—20 »	0	2	2 }	
21—25 »	3	6	9 }	41,6
26—30 »	6+1*	2+2*	11 }	
31—35 »	7	1	8 }	27,1
36—40 »	2	3	5 }	
41—45 »	3	1	4 }	18,7
46—50 »	0	5	5 }	
51—55 »	1	0	1 }	6,3
56—60 »	2	0	2 }	
61—65 »	0	0	0 }	0,0
66-70 »	0	0	0 }	
	25	23	48	100,0

Es fällt demnach fast die Hälfte der Fälle in das 2. und 3. Decennium, eine weitere grosse Zahl allein in das 4. Es stimmt diese Zusammenstellung genau mit den Tabellen von Lebert über 252 von ihm in Zürich und Breslau behandelte Ulcuskranke. Somit wäre auch hierdurch die frühere Ansicht, das Magengeschwür sei vorzugsweise eine Erkrankung der Jugend, von der Hand gewiesen. Man muss sich indessen vor dem entgegengesetzten Extrem hüten, nur das höhere Alter für es in Anspruch zu nehmen. In der hiesigen medicinischen Poliklinik ward z. B. kürzlich ein 6½jähriges Mädchen an ulcus ventriculi behandelt; solcher Fälle sind mehr beobachtet. Am richtigsten bezeichnen wir daher wohl das Magengeschwür als eine Erkrankung besonders des mittleren oder Blüthenalters. Was die Vertheilung auf das Geschlecht anbetrifft, so kommen wir dem Verhältnis Wollmanns, der gleiche Zahlen fand, am nächsten. Andere bevorzugen bekanntlich nach ihren Berechnungen das weibliche Geschlecht z. B. Steiner (11 : 8) Brinton (sogar 3 : 1).

Symptomatologie.

Das wichtigste und nur ausnahmsweise fehlende Symptom des Magengeschwüres ist der Magenschmerz; in sämmtlichen von uns aufgeführten 48 Fällen ist er vorhanden. Er lässt sich neben der Erkrankungsdauer entschieden als wichtiges differentialdiagnostisches Symptom zwischen carcinoma und ulcus ventriculi zu Gunsten des letzteren auf- führen. Beim Carcinom tritt er erst ein, wenn dasselbe auf das Peritoneum übergreift; er ist demnach bei Weitem nicht so constant, auch erlangt er selten die Heftigkeit wie beim ulcus. Was nun die Intensität, den Character, die Dauer, Zeit und Localisation des Schmerzes beim Magengeschwür anbetrifft, so ·finden wir bei den verschiedenen Patienten die grössten Verschiedenheiten. Bald ist er gleichmässig gering oder es bestehen nur bei Druck auf das Epigastrium Schmerzen (No. 2, 16, 30, 35), bald tritt er — wie in den meisten Fällen — periodisch auf; die Anfälle werden dann meist verursacht durch eingeführte mehr oder weniger stark reizende Speisen, durch Körperanstrengungen, Gemüthsaufregungen, die menses oder — wie Bamberger meint — durch das Weiterumsichgreifen des Geschwürs und das Ergriffenwerden neuer Nervenstämme. Häufig strahlen die Schmerzen nach Brust- und Lendenwirbelsäule, nach der Nabelgegend und Blase hin aus (No. 17, 21, 24, 25, 34, 40) und hat man aus diesen Umständen ebenso wie aus dem Wachsen oder Abfallen des Schmerzes bei Lageveränderungen (No 3 u. 8) einen Rückschluss auf den Sitz des Geschwüres (an der hintern oder vordern Magenwand, an der grossen oder kleinen Curvatur, im Saccus coecus oder im Pylorustheil) machen wollen. Auch hat man aus den Resultaten der Palpation, besonders aus circumscripter Druckempfindlichkeit, wie sie sich z. B. bei No. 4 und Nr. 39 findet, gleiche Schlüsse machen wollen; dem haben L. Müller, Fenwick, Abercrombie und Andere Fälle entgegengesetzt, in denen die Kranken sich während des Schmerzanfalles gerade durch Compression der Magengegend Erleichterung verschafften. Auch wir haben in Nr. 12 eine gleiche Erscheinung. Interessant könnte vielleicht noch der Fall 24 dadurch sein, dass er das von Traube und dann auch von Brinton zuerst constatirte Irradiationsphänomen enthält; es finden sich brennende Schmerzen in der linken Schulter, die sich nach dem Vorgange jener Männer wohl als Irradiationsneuralgie im Plexus brachialis sinister auffassen lassen.

Ein zweites ebenfalls sehr wichtiges Symptom ist das Erbrechen, insbesondere die Hämatemesis. Magenschmerz und Erbrechen sind häufig mit einander verbunden, da sie beide durch eine Erregung der Magennerven meist durch Mageninhalt verursacht werden. Wir sehen darum auch das Erbrechen gerade wie oben die Schmerzen am häufigsten nach dem Essen eintreten. Die Schmerzen sind in diesen

Fällen meist krampfartig und steigern sich bis Erbrechen und damit Schmerzremissionen erfolgen. Nach den Berechnungen von L. Müller beläuft sich die Häufigkeit des Erbrechens auf 80% und die der Hämatemesis auf 33% der von ihm beobachteten Fälle; bei uns gestaltet sich das Verhältnis gerade umgekehrt: Nämlich Hämatemesis bei $93,8\%$ und Erbrechen bei $45,8\%$ unserer Fälle. Das erbrochene Blut war bald — und zwar in der Mehrzahl der Fälle — locker coagulirt, klumpig, dunkelgefärbt, bald flüssig, schaumig hellroth, bald kaffesatzähnlich; zuweilen ward auch nur eine bierähnliche, braunrothe, sauer reagirende Flüssigkeit erbrochen. Es ist von früheren Autoren das kaffesatzähnliche Erbrechen als characteristisch für Magencarcinom bezeichnet worden, wohl aber mit Unrecht, denn neben Andern beschrieb Ebstein einen Fall, bei dem täglich kaffesatzähnliches Erbrechen vorkam und dennoch durch die Obduction die Diagnose ulcus ventriculi festgestellt wurde. Manche unserer Fälle zeigen eine gleiche Erscheinung z. B. No. 45, der uns wegen seines Sectionsbefundes schon in der Einleitung gleichsam als typischer Repräsentant der pathologischen Anatomie des corrosiven Magengeschwüres begegnete. Man fand in dem Erbrochenen keine frische Blutkörperchen, aber detritus, Fettsäurenadeln und einige gequollene Amylumkörnchen. Dabei muss man an eine geringere Blutung denken, bei der die Blutkörperchen verdaut und so das Hämoglobin durch die Einwirkung von HCl in seine Spaltungsproducte Hämatin und Globulin zerlegt wurde; durch das Hämatin ward dann dem Erbrochenen die characteristische kaffesatzähnliche und bierähnliche Farbe gegeben. In 4 Fällen (No. 11, 22, 25, 26) haben wir nach Hämatemesis Ohnmachten resp. Neigung zu denselben zu verzeichnen, in 2 Fällen (No. 18 u. 40) entwickelten sich Oedeme an den Füssen (Malleolen) jedesmal als animöse Symptome. In nahezu 40% unserer Fälle fanden wir eine träge Defäcation und Blut im Stuhl. Was die Obstipation anbetrifft, so ist der Fall No. 6 in seinem Nachtrag besonders interessant, da nach volle 63 Tage hindurch bestehender Obstipation spontan Entleerung eintrat. Hinsichtlich des blutigen theerigen Stuhles sind wir trotz Berücksichtigung der bekannten Erscheinung, dass Eisenpräparate und Bismuthum subnitricum den Stuhl schwarz färben, zu so hohen Resultaten gekommen.

In einigen Fällen (besonders bei No. 29) war auch schwarzer Stuhl ohne vorhergegangene Hämatemesis beobachtet. Bei 10 Fällen finden wir Pylorusstenose mit secundärer Magenerweiterung; es enthielt dabei das Erbrochene jedesmal reichlich Sarcina und der Harn war fast immer alkalisch (wegen mitunter vorgenommener Magenausspülungen und wegen Resorptionsunfähigkeit der Magenschleimhaut). — Ebenso wie die durch Geschwüre im Pylorustheil hervorgerufenen Narben den Pförtner durch Narbencontractur zu stenosiren vermögen, so können sie auch bei grösserer Ausdehnung eine Starre und so Functionslosigkeit d. h. Nichtschlussfähigkeit des Pförtners zur Folge haben. No. 7. und No. 45 zeigten bei der Aufblähung des Magens mit Kohlensäure eine derartige Incontinentia pylori. — Wie aus den meisten Fällen ersichtlich, ist der Beginn des Magengeschwüres ein acuter, die Folgeerscheinungen sind chronisch. Bei den acuten Fällen sahen wir niemals dyspeptische Beschwerden, erst bei längerem Bestehen des Geschwüres und besonders wenn es mit häufigem Erbrechen complicirt war, bekamen wir gleichzeitig das Bild der cronischen Gastritis. Wir fanden so in 25 % unserer Fälle Appetitlosigkeit und gestörte Verdauung. — In 5 Fällen (No. 17, 18, 36, 40, 45) nahm die Krankheit einen tödtlichen Verlauf (= 10 %) und zwar dreimal durch profuse Hämatemesis (6,2 %), einmal durch Perforationsperitonitis (2,2 %) und einmal durch schwere Complicationen und allmählige allgemeine Cachexie. Brinton berechnet die Zahl der Todesfälle durch Hämatemesis auf 5 %, die Zahl derer durch Perforationsperitonitis auf 13 %. Einmal sahen wir auch Peritonitis chronica nach einem ulcus entstehen (No. 6), bei No. 18 und wahrscheinlich auch bei No. 28 eine Perigastritis. — Was die Häufigkeit des Magengeschwüres zu den übrigen Erkrankungen anbetrifft, so beträgt dieselbe für unsere Klinik 0,79 % aller Krankheiten (48:6027), eine Zahl die den Resultaten der Lebertschen Morbilitätsstatistik für ulcus ventriculi völlig entspricht. In derselben beläuft sich nämlich die Häufigkeit des ulcus für Zürich auf 0,67 %, für die Breslauer Klinik auf 0,76 %, für die Poliklinik daselbst allerdings nur auf 0,54 %. Würden wir indessen zu unsern 6027 Kranken die an Scabies Behandelten hinzurechnen, so kommen wir den Resultaten für Zürich und für die Breslauer Poliklinik sehr nahe. Hinsichtlich der Dauer und des Verlaufes können wir nur unsere vorhin aufgestellte Behauptung wiederholen — chronischer Verlauf, im Ganzen gute Prognose! Unsere 48 Fälle laufen zusammen in einem Zeitraum von ungefähr 200 Jahren ab, somit kämen im Durchschnitt auf den Einzelfall über 4 Jahre. Indessen zeigen ja die einzelnen Fälle bezüglich des Verlaufes grosse temporäre Schwankungen, indem der eine sich über einen Zeitabschnitt von fast 30 Jahren hinzieht, (No. 7) der andere hingegen erst seit einigen Wochen besteht. Ausserdem aber ist — zumal bei dem auch bei unvollkommener Genesung so häufigen Drängen der Patienten auf Entlassung — keineswegs ausgeschlossen, dass sogar langdauernde Recidive nachfolgten, die sich der klinischen Beobachtung entzogen und somit zur Unsicherheit unseres Urtheils über die Krankheitsdauer beitrugen.

Therapie.

Es liegt auf der Hand, dass bei Erkrankungen des den Verdauungsprocess selbst bewerkstelligenden Organes eine geeignete und vorsichtige Diät in therapeutischer Beziehung von grösster Wichtigkeit sein muss, ja dass von ihrer stricten Beobachtung allein eine dauernde und wirkliche Genesung zu erwarten ist. Hierin herrscht wohl bei sämmtlichen Autoren dieselbe Ansicht. Man sucht Nahrungsmittel einzuverleiben, die die Geschwürsfläche wenig (oder zum Mindesten nicht andauernd) reizen und die auf Grund ihrer chemischen Zusammensetzung dem Magen seine Aufgabe, dem Körper die nothwendige Nahrung zu zuführen, erleichtern. Hierher gehört in erster Linie die Milch, die von Cruveilhier zuerst empfohlen, bis jetzt noch durch Nichts ersetzt werden konnte. Ferner haben wir Bouillon (in den meisten Fällen abgekühlt, zumal wenn nach der letzten Hämatemese erst wenige Tage verstrichen waren), sowie Extractum carnis recens paratum. Rosenthalsche Fleischsolution und neuerdings Kemmerichs und Kochs Fleischpeptone, weich gekochte Eier und Weissbrod mit gutem Erfolge gegeben. Bei fortschreitender Genesung ward den Patienten geschabtes und gebratenes Fleisch und Gemüse (d. h. nur Purees von Kartoffeln, Erbsen, Bohnen, Linsen; — keine Kohlarten) in geringer Menge gestattet. Der medicamentöse Apparat ward so viel wie möglich beschränkt und selbstverständlich stets individualisirend, secundum indicationem symptomaticam gehandhabt. So leisteten uns bei Chlorotischen und Individuen mit schwächlicher Constitution Eisen und Chinapräparate gute Dienste; bei starker Pyrosis und Neigung zu Gährungsprocessen besonders bei Pylorusstenose mit Atonie der Magenmuskulatur und secundärer Magenerweiterung waren Natrium salicylicum, Acidum carbolicum, Bismuthum subnitricum, Karlsbadersalz (Morgens nüchtern in lauwarmem Wasser genommen) und ganz besonders Ausspülungen des Magens mit lauer Kochsalzlösung von grösstem Nutzen. Contraindicirt erschienen diese Ausspülungen bei hochgradiger Empfindlichkeit des Patienten, bei frischem Ulcus und wenn die Möglichkeit eines Carcinoms mit Bestimmtheit nicht auszuschliessen war. Gegen heftige Schmerzen und Erbrechen nebst Hämatemesis übten in den einzelnen Fällen und natürlich nach Berücksichtigung der jeweiligen Verhältnisse verabreicht, Ferrum sesquichloratum, Acidum carbolicum, Bismuthum subnitricum mit Morphium hydrochloricum, ferner Argentum nitricum, Ergotininjectionen, Eis innerlich und äusserlich, möglichste Ruhe und Nahrungsenthaltung eine gute Wirkung aus. War durch circumscripte Peritonitis die Gefahr einer bevorstehenden Perforation nahe gelegt (wie z. B. bei No. 6), so ward nicht nur auf absolute Ruhe des Patienten im Allgemeinen, sondern ganz besonders auf völlige Ruhigstellung des Verdauungtractus (speciell des Magens) durch grosse Opiumdosen mit peinlichster Sorgfalt gesehen. Welch vortreffliches, diese therapeutischen Massregeln wenn gerade nicht förderndes, so doch auch nicht störendes Erhaltungsmittel dabei die Milch ist, zeigt der Fall No. 6. Ohne dies die für den Körper nothwendigen flüssigen sowie festen Nahrungsbestandtheile fast sämmtlich enthaltende und dabei so wenig kothmachende Ernährungsmittel wäre es kaum möglich gewesen, die Opiumtherapie so ausgiebig zu handhaben und diesen jedenfalls selten guten Erfolg zu zeitigen. Die mangelhafte Defäcation regelte sich meist bei consequenter Beobachtung der diätetischen Vorschriften, ausserdem aber versagten Karlsbadersalz, das auch wegen andern guten Wirkungen gern gebraucht ward, so wie ein Einlauf nach Hegar ihre obstructionswidrige Wirkung nicht.

Bei Beobachtung all dieser Massregeln gelang es denn auch die Patienten in verhältnismässig kurzer Zeit wiederherzustellen; sämmtliche 48 Kranke waren zusammen ungefähr 40 Monate in Behandlung, der Einzelne also durchschnittlich 25 Tage. Ungefähr 30 % wurden vollständig geheilt entlassen, 60 % mit wesentlicher Besserung (viele dieser drangen, sobald sie sich wohl fühlten, auf Entlassung) und 10 % sind, wie bereits erwähnt, gestorben (drei an profuser Hämatemesis, einer an Perforationsperitonitis und einer an schweren Complicationen).